Museo Nazionale di Capodimonte

Soprintendenza per i Beni Artistici
e Storici di Napoli

a cura di Nicola Spinosa

con la collaborazione di
Luisa Ambrosio. Umberto Bile.
Pierluigi Leone de Castris.
Linda Martino. Mariaserena Mormone.
Rossana Muzii. Mariella Utili

fotografie di
Ugo Pons Salabelle e Luigi Di Maggio

Museo Nazionale di Capodimonte

Electa Napoli

Electa Napoli
hanno collaborato a questo volume

Redazione
Silvia Cassani

Grafica
Enrica D'Aguanno
Nadia Bronzuto

Alle pp. 44, 97, 99 foto di Bruno
Arciprete
A p. 118 foto di Gaeta & Gaeta
Alle pp. 22, 55, 67, 72, 101, 120, 135.
144, 145, 245, 247, foto di Luciano
Pedicini
Alle pp. 43, 87, 90, 91, 183, 197, 199,
202, 232, 236 in alto, 251, 269, foto del
la Soprintendenza per i Beni Artistici e
Storici di Napoli e provincia

I testi da p. 19 a p. 102 sono di Pierluigi
Leone de Castris; da p. 105 a p. 148
di Mariella Utili; da p. 151 a p. 189
di Mariaserena Mormone; da p. 193
a p. 218 di Rossana Muzii; da p. 221
a p. 293 di Luisa Ambrosio e Linda
Martino; da p. 295 a p. 300 di Umberto
Bile

Stampato in Italia
© 1994 by **Electa Napoli**
Elemond Editori Associati

Sommario

Il Museo Nazionale di Capodimonte

Si potrebbero far coincidere le origini del Museo di Capodimonte con le vicende storiche e dinastiche che nel 1734 portarono sul trono di Napoli, a conclusione della guerra di successione polacca, Carlo di Borbone, figlio di Filippo V di Spagna e di Elisabetta Farnese e già Duca di Parma e Piacenza. Quest'ultimo, infatti, restituita dopo due secoli di amministrazione straniera la piena indipendenza al regno meridionale, aveva disposto già dal maggio del '35, per il tramite del Segretario di Stato, Joachim de Montealegre, Marchese de Salas, il trasferimento a Napoli delle collezioni farnesiane ereditate dalla madre, ultima discendente dell'antico e illustre casato affermatosi in Italia e in Europa alla metà del Cinquecento. Le consistenti raccolte, costituite da dipinti, disegni, bronzi, oggetti d'arte e d'arredo, medaglie e monete, gemme, cammei e vario materiale archeologico, dopo incrementi e successivi spostamenti tra sedi diverse, registrati in alcuni inventari seicenteschi e del primo Settecento, erano allora prevalentemente sistemate nel Palazzo della Pilotta a Parma, dove era stata istituita a cavallo dei due secoli la celebre Galleria Ducale organizzata con criteri museografici e aperta al pubblico. Altri nuclei della stessa collezione erano invece distribuiti tra il Palazzo del Giardino sempre a Parma, il Palazzo Ducale di Piacenza, la residenza di Colorno e il Palazzo Farnese a Roma.

Disposto il trasferimento a Napoli, le raccolte già sistemate nei palazzi del Giardino e della Pilotta a Parma, scartato o venduto quanto si considerò di minor pregio o di scarso valore, furono dapprima concentrate a Piacenza per essere inventariate e imballate alla men peggio e poi, a partire dal '36, spedite nella capitale borbonica da Genova via mare. Questo primo già cospicuo insieme di dipinti, libri e oggetti diversi, una volta a Napoli e in attesa di essere trasferito in un'adeguata sede espositiva, fu ospitato nell'antico Palazzo Reale al centro della città: parte in alcuni ambienti al piano nobile, parte ancora in cassa lungo le scale e negli androni al piano terra. Lì dove, in pessime condizioni conservative e in uno stato di vergognoso abbandono, fu visto tra il '39 e il '40 dal francese de Brosses, che ricorda come contro alcuni celebri dipinti lasciati ancora in cassa «tout le monde allait pisser».

Carlo di Borbone e i suoi ministri avevano tuttavia già prescelto, non solo per le esigenze di Corte ma anche per la sistemazione definitiva delle parti più celebri e consistenti delle raccolte in arrivo da Parma e Piacenza, la nuova Reggia prevista, – contemporaneamente all'altra più piccola residenza reale progettata sul litorale di Portici alle falde del Vesuvio – sulla collina di Capodimonte, ai margini di un vasta distesa boschiva e collocata verso occidente, in suggestiva posizione panoramica sul golfo e sulla città sottostante. Per la costruzione della nuova Reggia di Capodimonte fin dal '34 s'erano già confiscati vasti terreni e acquistate alcune masserie demolite nei primi mesi del '37, mentre il relativo progetto era stato affidato all'ingegnere militare Giovanni Antonio Medrano, palermitano, al quale fu affiancato, ma solo per poco, il più esperto architetto romano Antonio Canevari, di lì a poco impegnato soprattutto nella realizzazione del Palazzo Reale di Portici.

Il Medrano elaborò per la residenza di Capodimonte tre distinti progetti: il 7 febbraio del 1738 fu prescelto quello documentato nella pianta originale oggi conservata nello stesso Museo di Capodimonte e che prevedeva, con soluzioni non molto divergenti dalle attuali (la variante più consistente è data dall'assenza dello scalone principale originariamente progettato nel cortile centrale e mai realizzato), la costruzione di un vasto edificio a pianta rettangolare (m 170 in lunghezza e m 87 sul lato minore), con un ammezzato e appena due piani oltre ai sottotetti per lo sviluppo verticale (m 30); l'edificio si distende quindi imponente soprattutto in senso longitudinale, attraverso la successione in asse di tre vasti cortili porticati e intercomunicanti, aperti verso l'esterno con ampi fornici. Per i prospetti il Palazzo presenta, esternamente e verso l'interno, rigorose facciate in severo stile dorico (considerato il più idoneo per sottolineare caratteri e destinazione di un edificio riservato ad ospitare anche una sede museale) e di misurato gusto neocinquecentesco, ritmate da forti membrature in piperno grigio. sapientemente contrastante con il rosso napoletano delle pareti intonacate, e dalla successione di ampie finestre al piano nobile e di aperture minori agli altri livelli. L'interno era caratterizzato al piano nobile da una interminabile e monotona successione di ambienti destinati ad attività di rappresentanza, ad appartamenti reali e alla esposizione delle collezioni farnesiane, interrotta al centro dalla presenza di un'ampia 'galleria' con doppia altezza e agli angoli del Palazzo da saloni di un'altezza sempre doppia rispetto agli altri ambienti minori; mentre i servizi e alloggi per la servitù occupavano i più modesti locali al piano terra, all'ammezzato e al secondo piano. L'aspetto originario del piano nobile risulta oggi tuttavia profondamente mutato dalle conseguenze di successivi interventi, connessi sia al mutare del gusto che al variare delle destinazioni subite dall'edificio nel secolo scorso e fino al secondo dopoguerra.

Il 9 settembre del 1738 fu posta solennemente la prima pietra e furono avviati i lavori, posti sotto la direzione dello stesso Medrano e appaltati all'imprenditore regio Angelo Carasale, più tardi arrestato per illeciti profitti. Nei primi mesi la costruzione della fabbrica procedette alacremente, superando anche i molti ostacoli procurati dal trasporto dei materiali sulla sommità di Capodimonte, allora raggiungibile solo attraverso un impervio percorso in salita, attraverso l'utilizzo di pietre tufacee ricavate da scavi condotti per le profonde fondazioni dell'edificio; destinando quindi le cavità conseguentemente determinatesi alla realizzazione, al di sotto dei vasti cortili, di ampie cisterne indispensabili per fronteggiare la cronica carenza di acqua. In ogni caso già agli inizi del '39 una commissione di esperti incaricata dal sovrano si era recata a Capodimonte per studiare la più idonea sistemazione di una parte delle raccolte trasferite da Parma e rimaste accantonate in Palazzo Reale: con la conclusione di riservare ai dipinti le sale esposte a mezzogiorno e verso il mare, perché più asciutte e meglio illuminate, mentre per i libri, le medaglie e gli altri oggetti erano state prescelte le cosiddette 'retrostanze' che affacciavano verso il bosco. In quest'ultimo tra il '42 e il '43 vennero avviati gli interventi, per la sistemazione a parco e giardini dell'area adiacente la Reggia in costruzione, progettati dall'architetto napoletano Ferdinando Sanfelice, al quale era stata affidata nello stesso 1743 anche la progettazione di un piccolo edificio all'interno del bosco, nel quale collocare la Real Fabbrica di Porcellane detta appunto di Capodimonte, e di una vicina chiesetta dedicata a San Gennaro. Il progetto del Sanfelice per il parco, realizzato solo in parte (ma riprodotto integralmente nella pianta del Duca di Noja e in una planimetria colorata dei primi anni Sessanta con-

servata nel Museo di Capodimonte), comunque non prima del '63-'66, quando i lavori a lungo interrotti ripresero con alcune varianti e sotto la direzione dell'architetto Ferdinando Fuga, prevedeva la realizzazione di un impianto scenografico di chiara impostazione barocca, con cinque lunghissimi viali alberati irradiantisi dal piazzale d'ingresso, l'inserimento di numerose statue in marmo e l'intersecazione, dai suggestivi effetti prospettici, di viali minori tracciati all'interno di una fitta vegetazione naturale, piante sparse ed essenze diverse: così da combinare, col gusto tradizionale per l'ordinata e simmetrica struttura prospettica del giardino 'all'italiana' riadattato su esempi francesi, l'interesse più recente, già d'inclinazione romantica, per l'aspetto apparentemente spontaneo del giardino 'all'inglese'.

Ben presto, tuttavia, i lavori per la Reggia rallentarono notevolmente, sia per difficoltà tecniche e d'approvvigionamento dei materiali, sia per l'accresciuto onere finanziario che ne derivava (basti pensare che per i soli lavori a Portici e a Capodimonte la tesoreria reale fu costretta a versare fino al 1759 ben 5000 ducati al mese), che per un non improbabile disinteresse dello stesso sovrano, dal 1751 attratto soprattutto dalle vicende connesse alla realizzazione, su progetto di Luigi Vanvitelli, del nuovo Palazzo di Caserta. Sicché, solo l'1 febbraio del 1758, a vent'anni dall'approvazione del progetto, l'ingegnere regio Giovan Battista d'Amico poteva riferire a Carlo di Borbone che nella Reggia di Capodimonte, da completare ancora in tutto il lato settentrionale, erano comunque ultimate al piano nobile le prime dodici delle ventiquattro sale destinate alla biblioteca, al medagliere, alla pinacoteca e alla raccolta di antichità già di Casa Farnese trasferite da Parma. E nel settembre dell'anno successivo, intonacate le pareti in colori diversi, almeno i dipinti avevano trovato, sotto la direzione di padre Giovan Maria della Torre, una prima adeguata sistemazione, completata per l'intera collezione solo nel '64, quando ormai Carlo di Borbone era già dal '59 sul trono di Madrid e non pochi viaggiatori stranieri avevano avuto modo di visitare alcune sale del nuovo Real Museo di Capodimonte intanto allestite.

Nel 1758 s'era infatti 'arrampicato' fino alla Reggia in alto sulla collina, sostandovi per qualche giorno, il Winckelmann, interessato soprattutto alla raccolta di medaglie e monete, ma impressionato favorevolmente anche da alcuni dipinti della pinacoteca farnesiana: sì da paragonarla, per importanza, addirittura con la più celebre Galleria di Dresda. Nel '61 giunse in visita a Capodimonte, al seguito del Saint-Non, Fragonard, che vi copiò a matita alcuni dei più celebri dipinti in esposizione, poi incisi e riprodotti a stampa nel *Voyage pittoresque* edito a Parigi nel 1781; nel 1763 vi venne a studiare giovanissima Angelika Kauffmann; nel febbraio dell'80 vi giunse il Canova, che tra l'altro ricorda la presenza nel bosco adiacente anche di un piccolo 'serraglio' di fiere e altri animali esotici, e nell'87 il Goethe, che, come altri visitatori più o meno illustri che l'avevano preceduto, lamenta tuttavia, accanto alla presenza nella Reggia di numerose opere d'altissimo pregio, il generale disordine espositivo. Del resto del tutto scarse o inconsistenti sono le notizie in nostro possesso sia sulla effettiva consistenza della raccolta, sia sui criteri d'esposizione adottati dal padre della Torre. Distrutto l'inventario dei dipinti redatto nel '56 dal pittore parmense Clemente Ruta e mai redatto un catalogo a stampa almeno della sola 'quadreria', da brevi citazioni del Lalande nel 1765-66 e del Sigismondo nel 1788-89 o dagli appunti di viaggio del 1783 di Tommaso Puccini, poi direttore degli Uffizi, possiamo solo evincere che la struttura essenziale del nuovo Museo di Capodimonte era determinata da una successione di sale a mezzogiorno (nell'ala del Palazzo che si vede dipinta nella tela di Antonio Joli del 1761-62 con il giovane Ferdinando IV a cavallo e altri dignitari di Corte) dove erano esposti i dipinti farnesiani ordinati per singoli artisti o scuole pittoriche regionali, mentre nell'ala verso il parco sei ambienti erano destinati alla biblioteca, uno al medagliere e pochi altri alla collezione di bronzetti, cammei, gemme incise, varie antichità e finanche ad una sezione di reperti di storia naturale.

Intanto nel 1761, regnando da due anni Ferdinando IV sotto la reggenza di Bernardo Tanucci, erano ripresi alcuni lavori, completati nel '65, per meglio collegare, con alcune stanze e due 'gallerie' (poi utilizzate come 'salone da ballo' e sede espositiva dell'Armeria), l'appartamento reale con l'ala adibita a museo farnesiano. Dall'87, sotto la direzione di Philipp Hackert, il pittore tedesco Federico Anders, chiamato da Roma, avviava in-

tanto un sistematico restauro di gran parte dei dipinti abbisognevoli di urgenti interventi conservativi, dipinti il cui numero veniva intanto accrescendosi con il trasferimento a Capodimonte delle tele decoranti il Guardaroba di Palazzo Farnese a Roma e con l'acquisto da parte del sovrano di vari quadri di scuola napoletana o d'ambito meridionale, come alcune tavole di Cesare da Sesto e di Polidoro da Caravaggio provenienti da Messina o alcune tele del Ribera, dello Stomer e del Giordano da chiese e conventi napoletani. Sicché prima del saccheggio operato dai francesi nel '99 i dipinti presenti a Capodimonte, rispetto ai 329 quadri costituenti in origine la Ducale Galleria di Parma e poi solo in parte trasferiti a Napoli, ammontavano addirittura a ben 1783 numeri d'inventario, sì da confermare che a quella data fossero esposte nella Reggia, insieme alle opere di provenienza farnesiana, anche quelle di più recente acquisizione borbonica.

Nel 1798 Ferdinando IV, temendo l'estendersi dei moti giacobini e antiborbonici anche a Napoli, s'era intanto trasferito a Palermo, recando con sé da Capodimonte 14 quadri e l'intera biblioteca farnesiana. L'anno dopo dalla stessa Reggia le truppe francesi del generale Championnet portarono via un gran numero di dipinti, anche se non tutti i 325 mancanti all'atto di una ricognizione effettuata nell'agosto dello stesso anno con il ritorno di Ferdinando IV a Napoli. Parte di questi dipinti fu recuperata a Roma, presso San Luigi dei Francesi e altrove, e integrata con alcuni notevoli acquisti ad opera di Domenico Venuti. Questo nucleo, accresciuto anche con alcune donazioni, non fu tuttavia restituito a Capodimonte, ma venne sistemato nel 1801 in alcuni ambienti del palazzo del principe di Francavilla fuori la porta di Chiaja, da tempo preso in fitto dalla Corte come occasionale residenza reale. Qui, con l'aggiunta anche di altri dipinti di varia provenienza, si costituì in breve una celebre 'quadreria' destinata a confluire, secondo un precedente progetto del sovrano e insieme a tutte le raccolte ancora esposte a Capodimonte, alle prestigiose collezioni di antichità ancora conservate in Palazzo Farnese a Roma e ai sempre più numerosi reperti portati in luce dagli scavi condotti a Pompei e a Ercolano e temporaneamente sistemati nella Reggia di Portici, nel seicentesco Palazzo dei Regi Studi a Foria, che Ferdinando Fuga e poi Pompeo Schiantarelli avrebbero dovuto riadattare a sede di un grande museo delle collezioni farnesiane e borboniche.

Il progetto non ebbe esecuzione perché nel 1806 il re, per l'avanzata vittoriosa delle truppe napoleoniche in Italia, fu nuovamente costretto a fuggire con la Corte a Palermo, dove trasferì con vari oggetti d'arredo anche 66 dipinti prelevati a Capodimonte e nel Palazzo Francavilla. Tale progetto venne tuttavia ripreso, dopo la formazione di un regno napoleonico sotto la corona di Giuseppe Bonaparte prima e del cognato Gioacchino Murat dal 1808, dalla nuova amministrazione francese, che ai nuclei provenienti da Capodimonte, dal Palazzo Francavilla e dalla Reggia di Portici, aggiunse anche numerosi dipinti acquisiti con le soppressioni monastiche a Napoli e in altre aree meridionali, al fine di costituire all'interno del nuovo museo una Galleria Nazionale in grado di documentare ampiamente l'evolversi della scuola pittorica napoletana dalle origini all'età contemporanea. In aggiunta lo stesso Gioacchino Murat avviò per il nuovo museo nel Palazzo dei Regi Studi anche l'acquisto delle collezioni d'arte orientale e occidentale, archeologiche, medievali e moderne, costituite dal cardinale Stefano Borgia e costituenti il cosiddetto Museo di Velletri. Così da configurare per il nuovo istituto museale napoletano un programma di ampio respiro mirante alla creazione anche a Napoli, sull'esempio di quanto s'era fatto o veniva realizzandosi a Parigi con il Louvre, a Londra con il British Museum e a Berlino con l'Altes Museum, di un grande museo 'universale' nel quale venissero esposti materiali artistici diversi che documentassero le varie e più significative esperienze maturate nei secoli in Oriente e in Occidente, in Europa e in Italia. Il programma venne completato solo con il ritorno a Napoli di Ferdinando IV di Borbone (Ferdinando I delle Due Sicilie), nel 1815: nacque allora, nel Palazzo dei Regi Studi riadattato, il Real Museo Borbonico, nel quale erano confluite, con la sola eccezione di dipinti e oggetti d'arredo lasciati dal sovrano alla città di Palermo in cambio della ospitalità ricevuta, tutte le raccolte farnesiane già a Capodimonte o al Palazzo Francavilla e quelle archeologiche trasferite da Palazzo Farnese a Roma, le antichità pompeiane ed ercolanensi, la collezione di Stefano Borgia definitivamente acquistata nel '17, i numerosi dipinti provenienti dai vari monasteri soppressi. L'insieme di

tavole e tele, poi accresciuto con successivi acquisti (i dipinti tra gli altri venduti, ad esempio, nel 1841 dal Barbaia, celebre soprintendente del Real Teatro di San Carlo) e varie donazioni reali o di illustri privati, costituì, all'interno del vasto Museo, un'ampia Pinacoteca suddivisa per scuole e per epoche, con cataloghi a stampa e organizzata con prevalenti criteri didattici. Sicché, anche se va lamentata la vendita nel 1854 al Duca d'Aumale della collezione personale di Leopoldo di Borbone, fratello di Francesco I e Principe di Salerno, comprendente anche vari dipinti farnesiani (oggi al Museo Condé a Chantilly), non può non essere segnalato che, alla vigilia del passaggio nel 1860 del regno meridionale ai Savoia, la Pinacoteca del Real Museo Borbonico, che di lì a poco avrebbe acquistato la nuova denominazione di Museo Nazionale conservata fino al 1957, era suddivisa in 16 sale ed esponeva, sia pure su più registri, ben 900 dipinti, già ridotti tuttavia a poco meno di 800 dopo l'Unità.

Nella Reggia di Capodimonte intanto, che i sovrani napoleonici avevano prescelto come abituale residenza di Corte, anche perché più agevolmente raggiungibile grazie alla costruzione, tra l'agosto del 1807 e il marzo 1809, di un ponte sul sottostante quartiere della Sanità e all'apertura del Corso Napoleone (oggi Amedeo d'Aosta) completato nel 1824 con una monumentale scalinata disegnata da Antonio Niccolini, e che Carolina Bonaparte, sorella di Napoleone e moglie di Gioacchino Murat, aveva voluto abbellire con nuovi interventi decorativi e con preziose suppellettili e vari oggetti d'arredo fatti venire direttamente da Parigi, nel 1833, dopo la costruzione nel 1828, all'ingresso del parco monumentale e come residenza abituale di Francesco I e dei suoi familiari, di una palazzina detta 'del Re' e poi 'dei Principi', erano finalmente ripresi, per volontà di Ferdinando II, i lavori per il completamento del lato settentrionale del palazzo, intorno al terzo cortile, rimasti interrotti per decenni all'altezza del primo piano. Nel '35 vi venne finalmente realizzata, su disegno dell'architetto Tommaso Giordano, la scala principale e fu ultimato anche lo scalone esagonale sul versante meridionale, forse progettato nel 1823 da Antonio Niccolini. Tra il '36 e il '38 vennero poi decorate a tempera da Salvatore Giusti, Giuseppe Marrocco e altri modesti decoratori locali, o ornate con caminetti marmorei disegnati dal Niccolini e vari candelabri in bronzo su disegni di Tito Angelini, le principali sale dell'appartamento reale destinate, come il Salone delle feste, a cerimonie di rappresentanza. A lavori ultimati gran parte del Palazzo, dove si raccoglievano i saggi dei giovani artisti napoletani mandati a studiare a Roma con un 'pensionato' a spese della Corona e i dipinti acquistati dal sovrano alle annuali esposizioni che si tenevano al Palazzo degli Studi o nel Palazzo dei Tarsia Spinelli, era occupato dagli appartamenti dei vari membri della famiglia reale o dalle stanze per ospiti di riguardo in città per brevi soggiorni. Nel parco circostante, infine, lì dove non era giunto l'intervento originario del Sanfelice, e quindi nella zona delimitata dalla strada di Miano, dal '35 all'inoltrato 1837, s'erano realizzati, ad opera del Giardiniere Capo del Real Orto Botanico, il tedesco Federico Dehenhardt, vasti interventi per la trasformazione in giardino 'all'inglese' del bosco e dei terreni adibiti a coltivazione.

Passata dopo il 1860 ai Savoia, la Reggia di Capodimonte fu riordinata nelle sue collezioni ad opera di Annibale Sacco, Direttore amministrativo di casa Reale, che riprese, avviandolo a realizzazione già nel '64 con il consiglio di Domenico Morelli e Federico Maldarelli, un precedente progetto borbonico per la formazione, nelle sale al piano nobile, di una Galleria d'Arte Moderna, costituita con dipinti del primo Ottocento già collocati negli appartamenti reali o in altri ambienti adiacenti (come le grandi tele del Camuccini e del Benvenuti già destinate alla Reggia di Caserta), con tele accademiche prelevate da altre ex-residenze reali borboniche e con opere direttamente acquistate presso numerosi artisti contemporanei, prevalentemente napoletani. Fino a contare nel1884, anno del completamento, ben 605 dipinti e 95 sculture. Nel 1864 veniva inoltre trasferita a Capodimonte, sempre al primo piano, l'Armeria Reale, costituita da numerose e spesso pregevoli armature e armi bianche o da fuoco di provenienza farnesiana (alcune delle quali originariamente medicee) o borbonica, e che era rimasta a lungo in abbandono in alcune sale al piano terra del Palazzo Reale di Napoli. Nel 1866, passata al Demanio statale la Reggia di Portici, il *boudoir* in porcellana policroma di Capodimonte realizzato per la regina Maria Amalia da Giuseppe Gricci alla metà del Settecento,

con raffinate soluzioni decorative nel gusto delle *chinoiseries*, fu da qui trasferito in un ambiente al piano nobile della Reggia collinare, dove, sempre per interessamento del Sacco, confluirono nel '73 anche tutte le porcellane e i *biscuits* esistenti nelle altre ex-residenze borboniche, insieme ad arazzi della Manifattura Reale di San Carlo alle Mortelle e ad altri numerosi oggetti d'arredo dei quali spesso s'ignora la collocazione originaria. Nel '77 dalla Villa 'La Favorita' di Resina, già del principe d'Aci e poi donata ai Borbone, venne trasferito a Capodimonte, nel salone detto 'della culla', il pavimento ritrovato nel 1788 durante gli scavi condotti in un'antica villa romana di Capri e successivamente restaurato e integrato nelle zone mancanti.

La Reggia intanto ospitava per brevi soggiorni i nuovi sovrani italiani e vari membri di Casa Savoia, accogliendovi poi stabilmente, dalla fine del secolo, l'intera famiglia dei Duchi d'Aosta, che continuarono a risiedervi fino all'immediato secondo dopoguerra, anche dopo che il Palazzo, passato nel 1920 dalla Corona al Demanio statale, era stato consegnato all'Amministrazione delle Belle Arti per essere parzialmente destinato a museo aperto al publico.

Nel 1948, a conflitto mondiale concluso e avviato un riordinamento complessivo dei musei napoletani anche attraverso il recupero e la risistemazione del patrimonio artistico messo al riparo dagli eventi bellici o sottratto dalle truppe tedesche in ritirata, si pose con particolare urgenza il problema di una più adeguata sistemazione, in una nuova sede e con nuovi criteri espositivi, della Pinacoteca 'sacrificata' negli spazi del tutto insufficienti di alcuni ambienti al secondo piano del Museo Nazionale. Con ciò accogliendo una esigenza più volte espressa fin dal 1886 e riaffermata nel 1902 dallo stesso Benedetto Croce e poi da numerose altre personalità del mondo dell'arte e della cultura. Pinacoteca che, peraltro, dall'Unità e soprattutto con la nascita nel 1870 del Regno d'Italia, s'era vista progressivamente spogliata di un consistente numero di dipinti, molti dei quali di provenienza farnesiana (dei 329 quadri segnalati nel 1708 presso il Palazzo del Giardino a Parma se ne sono infatti finora rintracciati solo 186: 136 presso vari musei napoletani e 50 dispersi tra sedi e collezioni diverse in Italia e all'estero). Allo stesso modo di quanto si verificò parallelamente per le ex-residenze borboniche passate ai Savoia, dove sottrazioni e dispersioni, anche per trasferimenti interni non sempre registrati, interessarono per lo più oggetti d'arredo o di decorazione. Spoliazioni e trasferimenti giustificati dalla necessità di arredare le sedi istituzionali o di rappresentanza del nuovo Stato unitario nella Capitale (i Palazzi del Quirinale, di Montecitorio, Madama, Chigi, della Farnesina, tra gli altri) e all'estero (come, tra i tanti, anche i 13 dipinti inviati nel 1917 a San Pietroburgo, poi considerati dispersi e ritrovati solo di recente presso l'Ambasciata di Mosca), i nuovi uffici ministeriali romani o addirittura per integrare le collezioni della nuova Galleria Nazionale d'Arte Moderna sempre a Roma e per decorare prefetture, caserme e chiese della Campania o dell'intero territorio nazionale. Mentre anche più grave risultò nel 1926 la decisione di spostare a Parma, presso la Galleria Nazionale e la sede del Municipio, e a Piacenza, nel Palazzo Ducale da adibire a museo civico, ben 138 dipinti farnesiani della Pinacoteca napoletana: quasi un risarcimento delle presunte 'usurpazioni' subite dalle due città emiliane ad opera di Carlo di Borbone nel Settecento, quando decise legittimamente di trasferire le collezioni 'di famiglia' ereditate dalla madre nella Capitale del suo regno meridionale. Un atto di vera e propria rapina nei confronti del patrimonio artistico e museale napoletano, in aggiunta a quelli già perpetrati e anche in seguito ripresi e continuati, che sembrerebbe trovare compenso, solo in parte, con l'immissione nella Pinacoteca del Museo Nazionale dei dipinti del legato d'Avalos del 1862 (acquisiti alle raccolte del Museo solo nel 1882, ma già da allora non tutti esposti o in parte trasferiti presso altre sedi istituzionali romane e napoletane), con l'acquisto tra Otto e Novecento di opere di rilievo come, tra le altre, la *Crocefissione* di Masaccio e il *Ritratto di Luca Pacioli* attribuito a Jacopo de' Barbari, o con il passaggio nelle collezioni museali di alcuni 'capolavori' ritirati da chiese della città, come la tavola con *San Ludovico da Tolosa* di Simone Martini, già per Santa Chiara, e il grande 'retablo' di Colantonio, entrambi trasferiti da San Lorenzo Maggiore.

La scelta per la nuova sede della Pinacoteca cadde, con decreto ministeriale del 16 maggio 1949, sul Palazzo di Capodimonte, di cui, secondo un progetto redatto nel 1950 dall'architetto Ezio De Felice sotto la direzione del Soprintendente Bruno Molajoli e finanziato dalla Cassa per il Mezzogiorno, si sarebbero utilizzati gli ambienti al secondo piano, già adibiti ad alloggi del personale e per i quali era prevista una vasta e consistente ristrutturazione. Come, ad esempio, il prolungamento della scala ottocentesca ferma al primo piano; l'abbattimento delle preesistenti pareti divisorie con la creazione di ampie sale d'esposizione; l'abbassamento al livello degli altri ambienti della volta di uno dei due saloni al piano nobile che, al centro dei due bracci longitudinali dell'edificio, interrompevano con la 'doppia altezza' la continuità del percorso al secondo piano; la sostituzione dei tetti e delle antiche capriate lignee con moderne coperture a tegola sostenute da strutture in alluminio precompresso e intervallate da lastre di cristallo temperato per illuminare gli ambienti sottostanti; la realizzazione di nuovi soffitti in muratura e velari per consentire il passaggio della luce naturale dal sottotetto; il rifacimento della rete impiantistica collocata negli spazi accessibili dello stesso sottotetto; oltre ad una serie di interventi minori per l'adeguamento delle nuove sale a moderne esigenze espositive.

I lavori, che si estesero anche al piano nobile, di cui s'intese migliorare la presentazione delle raccolte di arti decorative e dell'arredo già esistenti dal secolo scorso, per l'occasione integrate con numerosi altri oggetti di varia provenienza (dai Palazzi Reali di Napoli, di Portici e di Caserta, dalla Favorita ad Ercolano o da chiese napoletane da tempo chiuse al culto) e distribuite nelle sale dell'Appartamento storico per gruppi, in successione cronologica o secondo scelte stilistiche e di gusto rispondenti a fasi diverse e successive della storia napoletana da Carlo di Borbone alla Restaurazione, ebbero inizio nel giugno del 1952 e furono completati in cinque anni. Intanto veniva ultimato, purtroppo senza un'accurata redazione dei relativi verbali, il trasferimento nella nuova sede di tutti i dipinti, i disegni e altri oggetti d'arte medievale e moderna già esposti nell'ex-Palazzo degli Studi, ora riservato esclusivamente alla presentazione delle raccolte di Antichità col nuovo titolo di Museo Archeologico Nazionale; erano stati sistemati nelle volte di tre sale al piano nobile gli affreschi settecenteschi di Fedele Fischetti staccati agli inizi del secolo da Palazzo Casacalenda e donati dagli eredi del Balzo di Presenzano; si era ricongiunto alla decorazione parietale in porcellana del *boudoir* di Maria Amalia, trasferita a Capodimonte nel 1886, l'originario soffitto in stucco colorato rimasto nella Reggia di Portici; si era spostata da Palazzo Reale la biblioteca di storia dell'arte della Soprintendenza, ricca di più di ventimila volumi ora sistemati in alcuni ambienti sempre al primo piano e riservati anche alla consultazione pubblica. Sicché, integrato anche da una serie di strutture tecniche e servizi aggiuntivi indispensabili alla vita di un museo (depositi, laboratori di restauro, archivi e laboratori fotografici, falegnameria e finanche una piccola 'foresteria' per ospiti italiani e stranieri), la nuova struttura museale, intitolata Museo e Gallerie Nazionali di Capodimonte, fu solennemente aperta al pubblico il 5 maggio 1957.

Ad inaugurazione avvenuta, sebbene già allora, come fin dalle stesse origini settecentesche, il nuovo Museo apparisse sostanzialmente estraneo, anche per la notevole distanza dal centro urbano, alle vicende civili e culturali di una città in rapida e caotica crescita urbanistica e sociale, la recente sistemazione nella ex-Reggia borbonica delle raccolte d'arte medievale e moderna già al Museo Nazionale, apparve del tutto rispondente alle necessità di una corretta presentazione e di un'accorta conservazione del patrimonio artistico, oltre che alle tradizionali esigenze degli studi e della ricerca scientifica. E questo sia per la splendida collocazione e l'antico prestigio della sede prescelta – ideale, si sarebbe detto, per coltivare, in condizioni di assoluta tranquillità, amore per l'arte e speciali interessi culturali – che per l'efficacia delle soluzioni museografiche che vi erano state adottate.

La selezione dei dipinti 'antichi' destinati alla nuova Pinacoteca al secondo piano fu curata, con rigore scientifico e chiarezza di presentazione filologica e didattica, da Ferdinando Bologna, dopo attente ricerche e accorti restauri che consentirono, nei depositi del Museo Nazionale, anche importanti ritrovamenti e 'fortunati' recuperi. Il risultato fu una fitta successione di tavole e tele che forniva una sufficiente ed emozionante documentazione su vari aspetti e momenti della storia della pittura in Italia o presso altri centri europei (in Fiandra, in particolare, per la presenza di numerosi dipinti fiamminghi di pertinenza farnesiana) e che si sviluppava secondo criteri tradizionali di presentazione per epoca e per 'scuole',

rimasti sostanzialmente inalterati anche con la successiva immissione di opere di nuova acquisizione. Come, tra le altre, la *Deposizione* di Polidoro da Caravaggio, il *Cristo alla colonna* di Battistello Caracciolo, l'*Elemosina di Santa Lucia* di Aniello Falcone, le due 'nature morte' di Giuseppe e Giovan Battista Recco, il *David* di Giovan Battista Spinelli, l'*Enea e Didone* e il *Ritratto del principe di Tarsia Spinelli in abiti di Cavaliere di San Gennaro* di Francesco Solimena, il *Ritratto di canonico* di Gaspare Traversi e l'*Enea con la Sibilla* di Pietro Bardellino, tutti acquistati dallo Stato in anni diversi, o il polittico quattrocentesco con *San Severino* trasferito dalla chiesa dei Santi Severino e Sossio, il grande 'retablo' di Pietro Befulco dalla Congregazione della Disciplina della Croce, l'*Assunta* di Tiziano e la *Flagellazione* di Caravaggio da San Domenico Maggiore, la *Trinitas terrestris* di Jusepe de Ribera da Palazzo Reale ma già nella Trinità delle Monache o la *Madonna del Rosario* di Giovanni Lanfranco recuperata dalla parrocchiale di Afragola, ma già in Monteoliveto e precedentemente destinata alla chiesa della Certosa di San Martino.

Del resto, sebbene i criteri di presentazione adottati per la nuova Pinacoteca di Capodimonte confermassero scelte museografiche di primo Ottocento per la formazione di una Galleria Nazionale della Pittura, nella quale confluirono, perdendo caratteri e consistenza originari, tutte le raccolte 'storiche' di varia provenienza trasferite al Palazzo dei Regi Studi per la nascita del Real Museo Borbonico, così riaffermando anche la validità del tradizionale ordinamento delle opere per epoca e 'scuole', che i risultati degli interventi condotti nella ex-Reggia borbonica per adattarla alle diverse esigenze espositive apparissero addirittura esemplari, nell'ambito delle più recenti tendenze della moderna museografia, è confermato dal fatto che le soluzioni applicate a Capodimonte, soprattutto per la illuminazione 'a luce mista' delle sale al secondo piano, furono successivamente riprese anche nell'ammodernamento allestitivo di numerosi musei italiani e stranieri.

Così come non meno esemplari sarebbero a lungo risultate anche le scelte operate al piano nobile per la nuova sistemazione dell'Armeria farnesiana e borbonica, delle raccolte di porcellane e della 'galleria' dei dipinti ottocenteschi (oggi complessivamente poco più di 900 numeri d'inventario). Alle quali si sarebbero di seguito aggiunti oltre 1300 oggetti donati da Mario De Ciccio (1958) ed esposti in una sezione particolare intitolata al donatore, più di cento opere del secolo scorso (dipinti, disegni e sculture) provenienti dalla raccolta del Banco di Napoli (1960), tredici tele di Gioacchino Toma legate al Museo dal figlio Gustavo (1962) e, sempre nell'ambito della pittura napoletana dell'Ottocento, le donazioni Marino (1957), Marsiconovo e Cenzato (1964), Astarita (1970: 428 dipinti, disegni e acquarelli di Giacinto Gigante e della Scuola di Posillipo) e Morisani (1977). Mentre, insieme ad una tela del Solimena, si è aggiunto, per la sezione delle 'arti minori' (già comprendente più di 17.000 oggetti inventariati) e grazie alla donazione Catello del 1986, un notevole esempio di presepe napoletano del Settecento, unico di questa manifattura tra le raccolte di Capodimonte. Per la sezione dei dipinti 'antichi' (oggi poco più di 1950 numeri d'inventario) esposta nelle nuove sale al secondo piano del Museo, va inoltre segnalato che dal 1960, quando con la selezione ottocentesca furono qui trasferite dalle collezioni del Banco di Napoli alle tavole e tele di scuola napoletana dal Cinque al Settecento si aggiunsero, per legati o donazioni e meritevoli d'essere qui segnalati, il Cavallino dei Pallavicini d'Albaneta; alcune 'nature morte' di Giuseppe Cenzato (1964); l'Andrea de Lione e il Paolo de Matteis dei Santangelo Sica (1967); il Cesare Fracanzano dei Lomonaco Castriota Scandenberg (1971); il Cavallino di Giuseppe Marzano (1975). Non molto, si potrebbe osservare, rispetto all'azione condotta a vantaggio di altri musei italiani e stranieri, da altri più generosi donatori pubblici e privati: ma non è improbabile che le donazioni di collezionisti napoletani a vantaggio di Capodimonte possano anche essere state frenate, oltre che da note carenze della legislazione italiana in materia di benefici da attribuire a chi con lasciti e donativi incrementa notevolmente il patrimonio pubblico dei nostri musei, in particolare dalla sempre difficile realtà civile e culturale, ancor più che economica e sociale, di una città, che per di più ha sempre considerato Capodimonte come una istituzione lontana e quasi del tutto estranea alla sua complessa e tormentata vicenda quotidiana.

Anche se invece, almeno nei primi tempi dalla sua rifondazione nel 1957, il Museo voluto da Molajoli a Capodimonte, anche per la presenza all'interno della stessa struttura museale di una biblioteca, di una fototeca, di un laboratorio di restauro, di una caffetteria e di un banco per la vendita al pubblico di cataloghi e riproduzioni fotografiche, ai quali di lì a pochi anni si sarebbe aggiunta anche la disponibilità un 'auditorium' con 300 posti a sedere, ricavato negli spazi di una preesistente Cappella reale e attrezzato per conferenze, concerti, spettacoli teatrali e proiezioni cinematografiche, risultò essere a molti non solo un nuovo museo, ma un museo soprattutto 'nuovo'. Un istituto museale che lo stesso ridotto numero visitatori, allora ancora rispettosi della presunta 'sacralità' del luogo, rendeva apprezzabile, specie al confronto con la sempre più difficile e drammatica realtà della città circostante, come oasi di pace per intime riflessioni e gradevoli pause nei ritmi convulsi della vita moderna ancor più che come sede per studi privilegiati o per colte conversazioni su varie vicende di storia e d'arte.

A partire dalla fine degli anni Settanta, con il diffondersi anche a Napoli, presso strati sociali sempre più consistenti, di nuovi anche se differenziati interessi per vicende e aspetti diversi di storia e d'arte, nell'ambito di un programma di attività culturali mirante a favorire una più estesa conoscenza del patrimonio artistico napoletano e ad accrescere il numero sempre più esiguo di visitatori presenti nel Museo, le sale soprattutto del primo piano, sgomberate dalle collezioni permanenti provvisoriamente trasferite in depositi occasionali, furono più volte 'impegnate' per la presentazione di mostre temporanee, in particolare su momenti e temi diversi della storia delle arti a Napoli. Con risultati straordinari e del tutto imprevedibili, quando nel '79, dopo una mostra di carattere rigorosamente scientifico sul pittore naturalista Carlo Sellitto organizzata nel '77, fu realizzata, al primo piano del Museo, una mostra sulla 'Civiltà del Settecento', chiusa alla fine dell'80 per i necessari restauri alle strutture del Palazzo danneggiate dal terribile sisma del 23 novembre, ma dopo aver toccato la punta di poco meno di ottocentomila visitatori. Alla quale, dopo una rassegna su 'Leonardo e i leonardeschi' nell'83, seguirono tra l'84 e l'86 tre mostre sulla 'Civiltà del Seicento', su 'Caravaggio e il suo tempo' (ma questa nelle sale della collezione seicentesca della Pinacoteca al secondo piano) e sugli 'Impressionisti francesi dai Musei americani', che in alcuni momenti toccarono punte di addirittura 2000-2500 visitatori al giorno.

Un gran balzo in avanti, se questa stessa media la si confronta con quella dei poco più di 70-80 visitatori al giorno fin'allora registrata in un anno. Ma anche, di conseguenza, la verifica di una condizione strutturale e organizzativa di Capodimonte ormai non più adeguata alle necessità imposte da quest'accresciuta presenza di frequentatori, che, seppur procurata dalla occasionale presentazione di mostre temporanee, era pur sempre indicativa di nuovi interessi di un pubblico sempre più vasto e culturalmente differenziato, evidenziando al tempo stesso limiti e carenze di un museo 'pensato' invece soprattutto per una *élite* di studiosi e 'amatori' di cose d'arte o per una ridotta presenza di visitatori e turisti 'all'antica', ancora legati alla lontana e ormai tramontata stagione del *Grand Tour* in Italia.

Ne conseguì la necessità di provvedere sia al riammodernamento delle strutture museali, oltretutto logorate da anni di scarsa o cattiva manutenzione e da interventi straordinari non sempre efficaci, sia all'adeguamento degli impianti esistenti alle nuove norme sulla sicurezza degli spazi pubblici. Il tutto con l'obiettivo, anche attraverso la realizzazione di un diverso ordinamento espositivo delle raccolte 'storiche' e una presentazione delle opere con criteri che ne privilegiassero il carattere e le qualità di insostituibili testimonianze del nostro passato, parti ineliminabili della 'memoria storica' e della nostra identità civile e culturale (proprio come s'era già fatto per alcune mostre di civiltà recentemente allestite anche a Capodimonte), di rendere più agevole e immediato, anche con la creazione di nuovi servizi aggiuntivi di più vasto interesse pubblico, l'approccio con il Museo, la sua storia, l'origine e la consistenza delle sue raccolte d'arte. Così da valorizzarne soprattutto ruolo e nuove, positive, reciproche relazioni con la pur difficile e complessa realtà della città e del territorio di appartenenza.

Per i lavori di ristrutturazione e adeguamento funzionale, che, tra l'altro, comportando il trasferimento nella vicina palazzina 'borbonica' presso l'ingresso al parco detto 'di Porta grande' dei laboratori di restauro e, provvisoriamente, degli uffici di soprintendenza (da spostare in altro edificio al centro della città) e in Castel Sant'Elmo della biblioteca di storia dell'arte, qui doverosamente intitolata alla memoria di Bruno Molajoli, hanno consentito il recupero di nuovi spazi espositivi per le raccolte d'arte permanenti o per mostre temporanee, si è fatto ricorso agli stanziamenti ministeriali attribuiti con FIO '85 e FIO '86: gli interventi, affidati malauguratamente in concessione a società miste pubblico-private, si sono avviati nell'86 e, seppur con estrema lentezza e notevoli ritardi, sono in via di completamento.

Per i lavori rivolti al recupero e alla ristrutturazione degli ambienti del Palazzo al piano terra e all'ammezzato, sul versante occidentale e già adibiti a laboratori fotografici, dove ora si succedono le sale di conservazione, di studio e di esposizione temporanea dei materiali artistici del nuovo Gabinetto della Grafica (più di 2000 disegni o acquarelli dal Cinque all'Ottocento e più di 20.000 stampe), si è invece fatto ricorso a fondi ministeriali ordinari e stanziamenti straordinari disposti con leggi 64/86 e 449/87.

I nuovi progetti espositivi hanno invece comportato varianti significative ai criteri di presentazione adottati per l'allestimento del '57 e confermati fino ai recenti anni Ottanta, quando per i lavori condotti con FIO '86 sulle coperture e al secondo piano, una selezione dei dipinti 'antichi' fu esposta nelle sale al piano, nobile già occupate dalla sezione ottocentesca interamente spostata in depositi provvisori. Notevole significato, anche per l'evidente valore storico che le si è voluto attribuire, ha assunto in particolare la nuova sistemazione dell'intera collezione farnesiana in questi stessi ambienti al piano nobile, che, per essere esposti a mezzogiorno, erano già stati scelti dalla metà del Settecento per ospitarne la celebre 'quadreria'. Qui i dipinti, dopo la presentazione nel salone d'ingresso già occupato dalle vaste tele neoclassiche del Camuccini, del Benvenuti e dell'Hayez di una selezione delle opere farnesiane più significative dei caratteri dell'intera raccolta, sono ora ordinati in successione cronologica e suddivisi per 'scuole'. Anche se si è ritenuto opportuno integrarne la presentazione con alcune tavole (la *Crocefissione* di Masaccio, ad esempio, o il *Ritratto di Luca Pacioli* di Jacopo dei Barbari) acquistate dallo Stato italiano dopo il 1860 ma senz'alcuna relazione con le vicende della pittura a Napoli dopo il Duecento. Negli ambienti adiacenti, già occupati nel Settecento dalla biblioteca e dalle altre raccolte di Casa Farnese trasferite a Capodimonte, ma dal '57 adibite alla esposizione della collezione ottocentesca del Banco di Napoli o alla presentazione di una parte delle raccolte reali di porcellane italiane ed europee, si è data invece nuova sistemazione, accanto anche alle sale riservate all'Armeria, alle collezioni farnesiane di bronzi e di altri oggetti d'oreficeria, d'arredo e decorazione. Conservata la collezione De Ciccio nelle stesse sale prescelte da Bruno Molajoli nel '58, in alcuni ambienti allo stesso piano nobile, un tempo riservati alla moderna biblioteca d'istituto, è stato invece presentato l'insieme di dipinti e oggetti medievali e moderni della raccolta di Stefano Borgia acquisita nel 1817 (la sezione di Antichità è ovviamente rimasta al Museo Archeologico). Si è quindi provveduto, nel rispetto della successione storica e cronologica di cui non aveva tenuto conto l'ordinamento del '57, fatto iniziare con gli oggetti di età napoleonica, e dopo aver sistemato le raccolte di porcellane reali negli ambienti già occupati dal Gabinetto dei Disegni e delle Stampe, anche a modificare l'ordine espositivo dei dipinti e degli oggetti d'arredo presenti nelle sale dell'Appartamento regio, dove si è conservata la precedente collocazione del *boudoir* in porcellana proveniente dalla Reggia di Portici.

Sostanziali, di conseguenza, anche le varianti apportate all'ordinamento delle sale espositive al secondo piano, riservate alla presentazione integrale delle altre raccolte 'storiche' di Capodimonte oggi prevalentemente in deposito o disperse tra sedi diverse (come, ad esempio, la raccolta d'Avalos, di cui si è comunque conservata la passata sistemazione, nel salone d'ingresso, della celebre serie di arazzi fiamminghi con episodi della *Battaglia di Pavia*) e che al momento, in attesa che possa realizzarsi, in Palazzo Reale al centro della città e in prossimità del Museo Storico di Castelnuovo, l'auspicato progetto di un Museo della pittura e delle arti a Napoli dal Due all'Ottocento, ospitano dipinti di varia provenienza (prevalentemente dell'antico fondo costituitosi con le soppressioni monastiche del secolo scorso o recuperati da chiese del territorio chiuse al culto o danneggiate dal sisma del 23 novembre 1980) che documentano, con criteri di presentazione non diversi da quelli adottati con successo, proprio qui a Capodimonte, per le due mostre sulla civiltà del Sei e del Settecento, la splendida successione di eventi che caratterizza la storia della pittura a Napoli dalla fase ancora bizantineggiante del primo Duecento al verismo tardottocentesco.

Sempre al secondo piano, ma partendo da un vasto ambiente già adibito a laboratorio di restauro e proseguendo negli spazi del sottotetto ristrutturati con gli interventi condotti con FIO '85, è stata infine sistemata, con opere di Alberto Burri (che nel '78 donò a Capodimonte il *Grande cretto nero*), di Andy Warhol (del quale nel '94 Lucio Amelio ha donato dalla sua collezione uno dei *Vesuvius* dipinti per la mostra tenutasi al Museo nell'85) e di altri artisti napoletani, italiani e stranieri (Barisani, Spinosa, Alfano, Pisani, Pistoletto, Kounellis, Merz, Mattiacci, Buren, ecc.) e come presso molti altri musei europei e americani, una sezione nella quale documentare aspetti o momenti dell'attività di quanti, a partire dal secondo dopoguerra o soprattutto negli ultimi anni, hanno concorso in vario modo alle 'fortune' di Napoli e di Capodimonte anche nel difficile mondo delle arti contemporanee.

Nicola Spinosa
Soprintendente per i Beni Artistici
e Storici di Napoli e provincia

I dipinti. Dal Duecento al Cinquecento

Le raccolte dei Farnese, sia a Roma sia a Parma, erano quasi del tutto prive di dipinti cosiddetti «primitivi», che vi costituivano – i Masolino, il Mantegna, il Bellini, il Botticelli – una qualificata eccezione. È questa la ragione se, nella pinacoteca di Capodimonte, il settore della pittura del Due e Trecento, ed anche in parte del Quattrocento, si trova ad essere formato da acquisti otto e novecenteschi o addirittura da immissioni recenti da chiese e conventi della città e della regione.

Il Duecento, ad esempio, è rappresentato da alcune opere su tavola di tradizione bizantina locale – come la *Santa Maria de Flumine*, proveniente dalla costiera amalfitana –; mentre il Trecento annovera sia il grande *San Ludovico di Tolosa* dipinto da Simone Martini nel 1317 per la corte angioina di Napoli, proveniente da San Lorenzo, ed altri notevoli esempi delle presenze giottesche e senesi in città (Roberto d'Oderisio, Niccolò di Tommaso, Lippo e Andrea Vanni), sia una serie di operine toscane prevalentemente acquisite nel 1817 con la raccolta Borgia di Velletri, fra cui spiccano l'importante trittico di Taddeo Gaddi (1336) e i pannelli di Bernardo Daddi, Jacopo del Casentino, Lippo Vanni e Gualtieri di Giovanni. Quanto al Quattrocento, l'acquisto «recente» della formidabile cimasa di Masaccio con la *Crocifissione*, le requisizioni borboniche – a Roma, nel 1799 - della suggestiva *Annunciazione* di Filippino Lippi e dei frammenti della pala giovanile dipinta da Raffaello per Città di Castello, e l'arrivo infine dalle chiese napoletane di Monteoliveto e di Santa Caterina a Formiello dell'*Assunta* di Pinturicchio e della *Strage degli innocenti* di Matteo di Giovanni si incastrano convenientemente con i due Masolino di Santa Maria Maggiore, con la giovanile *Madonna* di Botticelli e con le altre tavole, farnesiane e non, di Mainardi e Caporali, di Signorelli e Perugino, di Lorenzo di Credi e Raffaellino del Garbo a restituire un'immagine logica e convincente della pittura del Rinascimento a Firenze e nel centro Italia. E così avviene anche per l'area veneta, dove al *Ritrattino Gonzaga* di Mantegna, alla *Trasfigurazione* del Bellini e ai due dipinti giovanili del Lotto – tutti di provenienza Farnese – si aggiungono la *Sant'Eufemia* Borgia dello stesso Mantegna, il *Ritratto di Luca Pacioli* del presunto Jacopo dei Barbari ed altre tavole di Bartolomeo o di Alvise Vivarini e su su sino a Palma il vecchio, immesse invece in data ottocentesca; col risultato di tratteggiarne con pochi pezzi, ma di grande qualità, le conquiste d'un nuovo senso del colore, della luce, della natura, a cavallo fra il Quattro e il Cinquecento.

Assai diversa, e ben più ricca, la situazione delle raccolte del museo per ciò che riguarda il XVI secolo. Le collezioni farnesiane portate a Napoli da Carlo di Borbone erano in questo caso già forti per loro conto nei settori del Cinquecento tosco-romano, veneto, fiammingo e soprattutto emiliano, e le acquisizioni borboniche e post-unitarie sono dunque venute soltanto a riempire qualche vuoto della raccolta stessa o a rafforzare ulteriormente – come nel caso del Tiziano di San Domenico Maggiore – una selezione già invidiabile.

Il nucleo dei toscani poteva così fondare, a monte, su opere farnesiane come il *Sacrificio* di Pontormo, i *Ritratti* del Rosso, di Salviati, di Maso di San Friano e le altre tavole di Vasari, Puligo e Brescianino, ed è stato però utilmente integrato – a inizio Ottocento – dalle due grandi pale di Fra Bartolomeo e del Sodoma, l'una requisita a Roma ai francesi, che l'avevano a loro volta trafugata a Prato, e l'altra proveniente dalla chiesa napoletana di San Tommaso, esempi entrambi della vena classicista in auge fra Firenze e Siena agli inizi del secolo. Non diversamente è per quello degli artisti attivi a Roma, già forte delle varie opere di Raffaello e della sua bottega – come i ritratti del *Cardinale Alessandro* e di papa *Leone X con due cardinali* o le Madonne «*del Divino Amore*», *del Velo* e *del passeggio* – commissionate o collezionate dai Farnese nel corso dei secoli, e forte anche della celeberrima *Madonna della gatta* di Giulio Romano, di ben tre importanti opere di Sebastiano del Piombo e della copia del *Giudizio* sistino di Michelangelo realizzata per il cardinal Alessandro dal Venusti; integrato soltanto – fra la fine del Settecento e i giorni nostri – da alcuni dipinti dell'altro allievo di Raffaello e campione della «Maniera» Polidoro da Caravaggio, per altro di provenienza napoletana o messinese.

Fra i veneti spicca il nucleo celebre del Tiziano – i tanti ritratti di *Paolo III* e degli altri Farnese, la *Danae* – commissionati dalla famiglia a partire dal 1543 e realizzati per la gran parte a Roma nel 1545-46, esempio unico per compattezza delle ricerche dell'artista ormai maturo sul tema della luce; cui s'aggiungono le due rare tele dipinte a Roma dal giovane El Greco e la grande tavola del Pordenone proveniente da Cortemaggiore – anch'esse «farnesiane» – e le altre opere di Schiavone, Tintoretto e Bassano giunte al museo nel secolo scorso, in una sorta di celere panorama della cultura lagunare fra tradizione coloristica ed influenze della «Maniera». Allo stesso modo avviene, fra i pittori nordici, con la coppia straordinaria dei Bruegel – i *Ciechi* e il *Misantropo* –, con la serie dei *Mercati* di Beuckelaer e di de Muyser e con gli altri dipinti notevoli di Witz, de Vos, de Witte, Bles e Sons, tutti farnesiani e per la gran parte provenienti direttamente dalle Fiandre al tempo in cui vi era governatore Alessandro, talvolta per merito di nobili della corte parmense al suo seguito come i Masi; nucleo a cui forse fanno eccezione l'*Adultera* di Cranach e i due bei trittici di Joos van Cleve, segnalati nelle raccolte borboniche fra Sette e Ottocento.

Più d'ogni altra «scuola», tuttavia, le radici farnesiane del museo illustrano ovviamente quella emiliana e padana. I parmensi innanzi tutto, coi tanti capolavori del Correggio – la *Zingarella*, le *Nozze di Santa Caterina*, il *San Giuseppe col donatore*, cui a inizio secolo si è aggiunto, dalla quadreria napoletana dei Girolamini, il *Sant'Antonio* –, del Parmigianino – l'*Antea*, la *Lucrezia*, la *Sacra Famiglia*, il *Galeazzo Sanvitale* – e ancora dell'Anselmi, dell'Orsi, del Mazzola Bedoli; un gruppo d'opere in cui è possibile seguire a pieno e al massimo livello la crescita d'una scuola locale dal classicismo sereno degli inizi ad una «Maniera» altamente sofisticata e intellettuale. Poi i ferraresi, con le tavolette farnesiane di Dosso Dossi e di Garofalo, cui le requisizioni ottocentesche da San Luigi dei Francesi a Roma e da Montecassino, e più tardi il dono d'Avalos (1862), hanno convenientemente aggiunto la grande *Pietà* dell'Or-

tolano e la serie degli Scarsellino; e i lombardi, dai leonardeschi di stretto giro al Luini, al Moretto, a Cesare da Sesto, a Boccaccino, ai Campi. Poi infine i bolognesi, dapprima coi «manieristi» – i Tibaldi, i Sammacchini, i Calvaert – e quindi soprattutto coll'Accademia dei Carracci, di cui è possibile seguire per intero – grazie al legame di committenza stretto coi Farnese sia a Parma che a Roma – il percorso, dalla matrice padana sino al classicismo anticheggiante di Annibale, con una serie di opere che non ha pari forse in nessun altro museo del mondo: dal *Rinaldo e Armida* di Ludovico a quello di Annibale, dai giovanili *Ritratti di musici* di Agostino e di Annibale al *Democrito* dello stesso Agostino, dalle correggesche *Nozze di Santa Caterina* del giovane Annibale sino ai suoi capolavori della maturità, il *Fiume*, il *Bacco*, l'*Ercole al bivio*, la *Pietà*.

Un caso a sé, del tutto «borbonico», otto e novecentesco, è invece quello della pittura napoletana del Quattro e Cinquecento, per buona parte proveniente dalle chiese cittadine all'epoca della soppressione degli Ordini monastici o anche, in epoca più recente, per depositi cautelativi. Fra i tanti anonimi del Quattrocento spiccano le tavole di Colantonio un tempo parte del «retablo» di San Lorenzo, quasi un simbolo della natura ispano-fiamminga e mediterranea del Rinascimento meridionale; mentre la misteriosa «tavola Strozzi» – acquistata nel 1904 – illustra l'immagine della città sul mare al tempo dei sovrani aragonesi. Quanto agli ancor poco noti artisti napoletani del Cinquecento, il museo ne annovera una vasta campionatura: dal raffaellismo di inizio secolo di un Andrea da Salerno alla «maniera» del toscano immigrato Marco Pino e al clima controriformato dei vari Curia, Hendricksz e Santafede, con una battuta appena d'anticipo sul rivoluzionario arrivo a Napoli di Michelangelo da Caravaggio.

Ignoto maestro campano secolo XIII
Santa Maria de Flumine
1290 ca.
tempera su tavola; cm 200x88
prov.: Amalfi, Santa Maria de Flumine,
in deposito
inv. Q 1090

Simone Martini
San Ludovico di Tolosa
1317
firmato sulla predella «Symon
de Senis me pinxit»
tempera su tavola; tavola centrale
cm 200x138, predella cm 56x138
prov.: Napoli, San Lorenzo
Maggiore (immissione 1927)
inv. Q.34
È uno dei capolavori di Simone Martini
e della pittura gotica in Italia, realizzato

probabilmente nel 1317 in occasione
della canonizzazione di Ludovico,
fratello maggiore del re di Napoli,
Roberto d'Angiò, cui aveva lasciato il
trono. L'aspetto sontuoso dei due ritratti,
lo sfarzo dei materiali e
l'interpretazione correttiva con cui sono
narrate le storie del santo – francescano
e pauperista – nella predella fanno
parte di un complesso progetto politico
di immagine, volto ad esaltare la santità
«regale» della famiglia.

Taddeo Gaddi
Trittico con Madonna e Santi
1336
tempera su tavola; cm 66x57
prov.: Velletri, Museo Borgia
(acquisto 1817)
inv. S 84303

Roberto di Oderisio
Crocifissione
1335 ca.
tempera su tavola; cm 130 x 189
prov.: Napoli, Museo di San Martino,
in deposito

Masolino da Panicale
Assunzione della Vergine
1428 ca.
tempera su tavola; cm 142x76
prov.: collezione Farnese
inv. Q 33

24

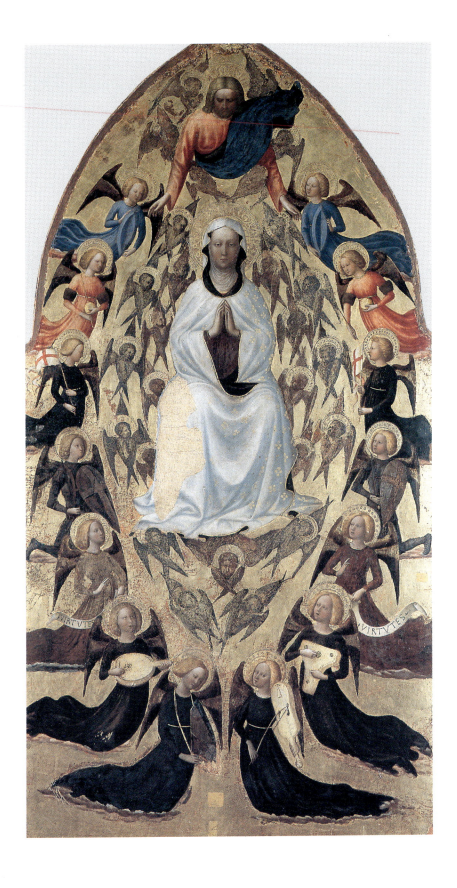

Masolino da Panicale
Fondazione di Santa Maria Maggiore
1428
tempera su tavola; cm 143x76
prov.: collezione Farnese; inv. Q.42
Con l'*Assunta* compagna era il centro
di un trittico a due facce dipinto da
Masolino e Masaccio nel 1428 per la
chiesa di Santa Maria Maggiore a
Roma. Vi è rappresentato papa Liberio
che fonda la Basilica sul perimetro di
una miracolosa nevicata.

Masaccio
Crocifissione 1426
tempera su tavola; cm 83x63,5
prov.: Napoli, collezione De Simone
(acquisto 1901)
inv. Q 36
Acquistata nel 1901 per il museo, era
l'apice del polittico dipinto da Masaccio

nel 1426 per la chiesa del Carmine a
Pisa, oggi smembrato fra i musei di
Londra, Berlino, Pisa e Malibu. Il grande
artista, padre del Rinascimento toscano,
vi esprime a pieno il suo rivoluzionario
senso dello spazio, del colore, lo studio
infine del corpo umano.

Sandro Botticelli
Madonna con Bambino e Angeli
1455-1460 ca.
tempera su tavola; cm 100x71
prov.: collezione Farnese
inv. Q 46

È tra i capolavori della giovinezza del
Botticelli, al tempo - verso il 1470 - in cui
andava ancora formandosi sotto
l'influsso di Filippo Lippi e del Verrocchio.
In Palazzo Farnese, da dove proviene, era
creduto opera di Filippo Lippi.

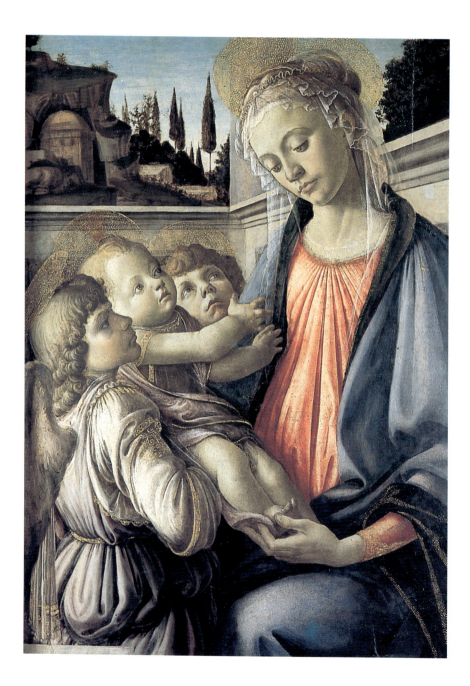

Filippino Lippi
Annunciazione e Santi
1490 ca.
tempera su tavola; cm 114x124
prov.: Roma, deposito San Luigi dei
Francesi (requisizione 1800)
inv. Q 42
Giunse a Napoli, nella Galleria di

Francavilla, nel 1801, proveniente dal
deposito allestito dalle truppe repubblicane francesi in Roma, dov'era
attribuito al Ghirlandaio. Berenson la
riconobbe opera giovanile di Filippino
Lippi, verso il 1485. Bella la veduta di
Firenze al centro, col Bargello, la Badia,
Santa Maria del Fiore.

Raffaellino del Garbo
Madonna con Bambino
e San Giovannino
tempera su tavola; cm 85,5 diametro
prov.: Napoli, collezione Carafa d'Andria
(acquisto 1834)
inv. Q 43

Pinturicchio
Assunzione della Vergine
1510 ca.
tempera su tavola; cm 278x173
prov.: Napoli, Monteoliveto
(immissione dai monasteri soppressi
1802)
inv. Q 49

Matteo di Giovanni
Strage degli innocenti
1480-90 ca.
tempera su tavola; cm 237x238
prov.: Napoli, Santa Caterina a Formiello
(immissione dai monasteri soppressi
1806)
inv. Q 38

Andrea Mantegna
Sant'Eufemia
1454
tempera su tela; cm 190x95
prov.: Velletri, Museo Borgia
(acquisto 1817)
inv. Q 61

32

Andrea Mantegna
Ritratto del Cardinale Gonzaga
1460 ca.
olio su tavola; cm 73,9x66
prov.: collezione Farnese
inv. Q 60
Proviene dalla raccolta di Fulvio Orsini,
e fu poi in Palazzo Farnese a Roma,

dov'era creduto opera di Giovanni
Bellini; nel 1895 fu riconosciuto come di
Mantegna. Il personaggio raffigurato
sarebbe forse Francesco Gonzaga, eletto
cardinale già a sedici anni, nel 1461, e
più tardi raffigurato dal pittore negli
affreschi della Camera degli Sposi a
Mantova.

34

Giovanni Bellini
Trasfigurazione
1480-85 ca.
olio su tavola; cm 115x154
firmato in basso al centro:
«IOANNES BELLÎ̀»
prov.: collezione Farnese
inv. Q.56

Già nel Seicento era una delle opere
cardine della raccolta di Palazzo
Farnese a Roma, forse proveniente dalla
cappella Fioccardo del Duomo di
Vicenza. Firmata in basso, è databile
verso il 1480-85; tipico di questo
momento di Giovanni Bellini il nuovo e
profondo senso della natura, del colore,
della luce.

Alvise Vivarini
Trittico: Madonna con Bambino tra
i Santi Francesco e Bernardino
1485
tempera su tavola: tavola centrale
cm 120x50, laterali cm 116x39
prov.: Napoli, collezione Giacomo Filioli
(acquisto 1831)
inv. Q 53

Jaco. Bar
Ritratto di Fra Luca Pacioli
1495
olio su tavola; cm 99x120
firmato e datato in basso a destra
«IACO. BAR. VIGEN/NIS. 1495»
prov.: Napoli, collezione Eustachio
Rogadeo di Torrequadra
(acquisto 1903)
inv. Q.58

Il grande matematico e prospettico è
ritratto presso un tavolo con due libri:
gli *Elementi* di Euclide e la *Summa*
dello stesso Pacioli. Il dipinto fu a
Urbino e a Firenze. Incerto il suo autore:
ferma l'ispirazione veneta e da Piero
della Francesca la critica ha infatti
spesso dubitato della paternità del
veneziano Jacopo de' Barbari, suggerita
dal cartiglio in basso a destra.

Colantonio
San Francesco consegna la regola
1445 ca.
olio su tavola; cm 174x149
prov.: Napoli, San Lorenzo Maggiore
(immissione dai monasteri soppressi
1808)
inv. Q 21
Con il *San Girolamo nello studio*, oggi
anch'esso a Capodimonte, faceva parte
di una pala di altare a due piani dipinta
da Colantonio verso il 1445 per la

basilica francescana di San Lorenzo a
Napoli, un tempo affiancata da
pilastrini con figure di *Santi e Beati*
dell'ordine, oggi dispersi in varie
raccolte private. Il pittore napoletano,
maestro di Antonello da Messina,
dimostra la sua piena appartenenza ad
una circolazione di cultura
mediterranea d'impronta realistica e di
matrice fiamminga, a fianco di artisti
come il provenzale Barthelemy d'Eyck o
il valenciano Jacomart Baço.

38

Colantonio
San Gerolamo nello studio
1445 ca.
olio su tavola; cm 125x151
prov.: Napoli, San Lorenzo Maggiore
(immissione dai monasteri soppressi
1808)
inv. Q 20

Ignoto fine secolo XV
(attr. F. Pagano o F. Rosselli)
Veduta di Napoli col ritorno della
flotta aragonese
tempera su tavola; cm 245x82
prov.: Firenze, Palazzo Strozzi
(acquisto 1910)
Napoli, Museo di San Martino,
in deposito

40

Pedro Fernández
Polittico della Visitazione
1510 ca.
olio su tavola;
Adorazione dei Magi
inv. Q 801, cm 127,5x62,8

Visitazione inv. Q 801, cm 127x118,3
Natività inv. Q 801, cm 127,5x62,8
prov.: Napoli, Santa Maria delle Grazie
a Caponapoli
(immissione dai monasteri soppressi
ante 1821)

42

**Raffaello ed Evangelista
di Pian di Meleto**
Cristo e la Vergine 1501
tempera su tavola; cm 111x74
prov.: Roma, deposito San Luigi dei
Francesi; da Città di Castello,
Sant'Agostino
(requisizione 1800)
inv. Q 50

Raffaello (attr.)
Ritratto del Cardinale Alessandro
Farnese
primo quarto del secolo XVI
olio su tavola; cm 138x91
prov.: collezione Farnese
inv. Q 145

da **Raffaello**
Ritratto di Leone X con due cardinali
primo quarto del secolo XVI
olio su tavola; cm 152x112
prov.: collezione Farnese
inv. Q 138

Raffaello (bottega di)
Madonna del passeggio
primo quarto del secolo XVI
olio su tavola; cm 87x62
prov.: collezione Farnese
inv. Q 148

Raffaello, bottega di
(Giovan Francesco Penni)
Madonna del Divino Amore
1520 ca.
olio su tavola; cm 137x111
prov.: collezione Farnese
inv. Q 146

Giulio Romano
Madonna della gatta
1523 ca.
olio su tavola; cm 172x144
prov.: collezione Farnese
inv. Q 140

Sebastiano del Piombo
Sacra Famiglia
1530 ca.
olio su lavagna; cm 113x88
prov.: collezione Farnese
inv. Q 149

Sebastiano del Piombo
Ritratto di Clemente VII
1526 ca.
olio su tela; cm 147x100
prov.: collezione Farnese
inv. Q 147
Era nella raccolta del bibliotecario e
consigliere dei cardinali Alessandro e
Odoardo Farnese, Fulvio Orsini, dalla
quale passò per dono (1600) nel palazzo
romano della famiglia. Il papa vi è
raffigurato senza barba, e cioè
anteriormente al Sacco di Roma nel 1527:
e l'artista ne fa uno dei suoi ritratti più
alti, nel quale il colore di ascendenza
veneta, dai toni però gelidi, è costretto -
sotto l'influsso di Michelangelo - entro
una massa potente e disegnata.

50

Marcello Venusti
Copia del «Giudizio Universale»
di Michelangelo
1550 ca.
olio su tavola; cm 190x145
prov.: collezione Farnese
inv. Q 139
È la copia, ordinata al Venusti dal
cardinale Alessandro Farnese nel 1549,
del *Giudizio* affrescato da Michelangelo
nella Cappella Sistina in Vaticano, e
scoperto nel 1541. Per il fatto d'essere
anteriore agli interventi di ricopertura
dei nudi ordinati dal Concilio di Trento
nel 1564 ed ai restauri successivi è
documento di grande importanza per la
conoscenza dell'originale
michelangiolesco.

Polidoro da Caravaggio
Trasporto di Cristo al sepolcro
1527 ca.
olio su tavola; cm 106x81
prov.: Napoli, collezione Irene
Montemayor (acquisto 1971)
inv. Q 1774

52

Polidoro da Caravaggio
Andata al Calvario
1530-1534
olio su tavola; cm 130x247
prov.: Messina, Annunziata detta dei
Catalani (immissione ante 1799)
inv. Q 103

Pontormo
Scena di sacrificio
1520 ca.
tempera su tela; cm 85x148
prov.: collezione Farnese
inv. Q 1039
È un'opera importante, ma poco nota,
del grande artista fiorentino della
«Maniera», probabilmente dipinta nei
primi anni venti, al tempo in cui più
forte era in Pontormo lo studio e
l'influsso delle stampe nordiche.
Creduta nelle collezioni dei Farnese
opera di Raffaello, la «grisaille»
rappresenta una misteriosa scena di
sacrificio o di adorazione.

Fra' Bartolomeo
Assunta
1518
olio su tavola; cm 330x202
prov.: Roma, deposito di San Luigi dei
Francesi; da Prato, Santa Maria in
Castello
(requisizione 1800)
inv. Q 100

Rosso Fiorentino
Ritratto di giovane
1527 ca.
olio su tavola; cm 120x86
prov.: collezione Farnese
inv. Q 112
È il ritratto di un giovane all'interno d'una stanza, di cui s'intravedono la porta incorniciata da telamoni, i letti disfatti, un dipinto, un arazzo e il tavolo su cui il giovane stesso siede, coperto da un tappeto anatolico. Questa stessa «cornice», il legame con le cose di Parmigianino - cui il dipinto era infatti attribuito in passato, nelle raccolte Orsini e Farnese - e il fatto che il quadro sia rimasto incompiuto fanno pensare che il Rosso l'abbia eseguito a Roma nei giorni del Sacco (1527).

Francesco Salviati
Ritratto di uomo
1545-1548 ca.
olio su tavola; cm 75,5x58,5
prov.: collezione Farnese
inv. Q 142

Giorgio Vasari
Resurrezione
1545
olio su tavola; cm 117x73
prov.: Napoli, Monteoliveto
(immissione dai monasteri soppressi
ante 1821)
inv. Q 1052

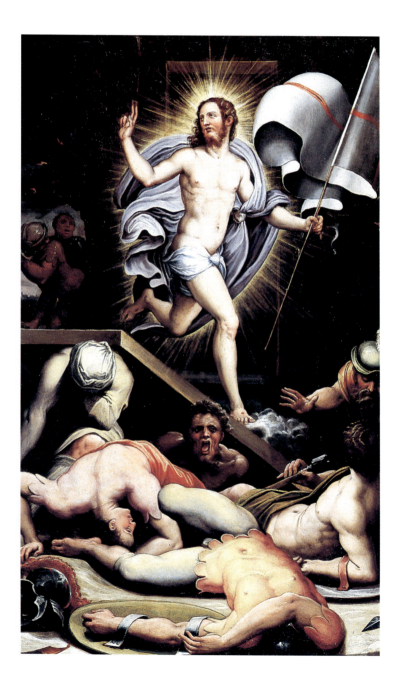

da Michelangelo (Hendrik
van der Broecke, attr.)
Venere e Amore
III quarto del secolo XVI
olio su tavola; cm 120x195
prov.: collezione Farnese
inv. Q 748

Peter de Witte
Sacra Famiglia
III quarto del secolo XVI
olio su tavola; cm 107x86
prov.: collezione Farnese
inv. Q 137

Ludovico Cardi detto il Cigoli
Pietà
1596-1600 ca.
olio su tavola; cm 101x76
prov.: collezione Farnese
inv. Q 738

Dosso Dossi
Sacra Conversazione
1510 ca.
olio su tavola; cm 50x73,5
prov.: collezione Farnese
inv. Q 276
Riconosciuto come opera capitale del
giovane Dosso da Roberto Longhi,
questo dipinto proviene dalle raccolte di
Palazzo Farnese a Roma, dov'era
sempre stato creduto del Perugino.
Nonostante alcuni pareri discordi esso è
la prova più concreta - databile attorno
al 1510 - dell'importanza del viaggio di
Dosso a Venezia e della sua prima
formazione spesa a contatto con
Giorgione, Cariani, Savoldo e, più tardi,
il giovane Tiziano.

Giovanni Battista Benvenuti
detto Ortolano
Pietà
1520 ca.
olio su tavola; cm 273x172
prov.: Roma, deposito San Luigi dei
Francesi; da Ferrara, San Cristoforo
degli Esposti
(requisizione 1800)
inv. Q 73

62

Correggio
Sant'Antonio Abate
1515 ca.
olio su tavola; cm 48x38
prov.: Napoli, Quadreria dei Girolamini
(acquisto 1906)
inv. Q 105
Era un tempo nella quadreria – di
formazione cinque e seicentesca – dei
padri oratoriani di Napoli, qui attribuito
al pittore locale Andra Sabatini.
Restituito dal Venturi al Correggio, è la
più antica fra le opere del grande artista
emiliano presenti nel museo; databile
verso il 1515-16, al tempo
dell'arricchimento in chiave
leonardesca dell'originaria formazione
del pittore fra Mantegna, Costa e i
ferraresi di primo '500.

Correggio
Nozze mistiche di Santa Caterina
1520 ca.
olio su tavola; cm 28,5x23,5
prov.: collezione Farnese
inv. Q 106
Proviene dalla raccolta di Barbara
Sanseverino Sanvitale, contessa di Sala,
e fu acquisita dai Farnese nel 1612, in
occasione del sequestro dei beni dei
feudatari ribelli. Già allora stimato
«una gioia di estrema bellezza», è
concordemente ritenuto dalla critica una
delle opere cardine del sereno classicismo
di Correggio a cavallo del presunto
viaggio a Roma nel 1518.

Correggio
San Giuseppe e donatore
1529
tempera su tela; cm 167x63
ciascuna anta
prov.: collezione Farnese
inv. Q 1290-1291

66

Parmigianino
Ritratto di Galeazzo Sanvitale
1524
firmato e datato sul retro «Opus
de Mazolla 1524/F.»
olio su tavola; cm 109x81
prov.: collezione Farnese
inv. Q.111
Ritrae Galeazzo Sanvitale, conte di
Fontanellato, per il cui castello

Parmigianino aveva affrescato negli
stessi anni un noto camerino con *Storie
di Diana*. Capolavoro del giovane
pittore prima della sua partenza per
Roma, il dipinto passò precocemente
nelle raccolte dei Farnese, forse in
occasione della vendita da parte di
Eucherio Sanvitale, figlio di Galeazzo,
del palazzetto parmense di famiglia.

Parmigianino
Sacra Famiglia
1527 ca.
tempera su tela; cm 159x131
prov.: collezione Farnese
inv. Q 110

Parmigianino
Antea
1530-1535
olio su tela; cm 135x88
prov.: collezione Farnese
inv. Q 108
Conosciuto come il ritratto dell'*Inna-morata* del Parmigianino, ovvero della celebre cortigiana romana Antea, raffigura piuttosto una giovane in vesti eleganti e stola di martora. L'artista lo dipinse, con acuto senso psicologico e grande attenzione alle proprietà ottiche dell'uso degli specchi, nella sua fase di massima maturità (1531-35) al ritorno a Parma dopo il soggiorno a Roma e a Bologna.

Girolamo Mazzola Bedoli
Sacra Conversazione
1535 ca.
olio su tavola; cm 194x146
prov.: collezione Farnese
inv. Q 923

Girolamo Mazzola Bedoli
Ritratto di sarto
1540-45 ca.
olio su tela; cm 88x71
prov.: collezione Farnese
inv. Q 120

Girolamo Mazzola Bedoli
Annunciazione
1550-60 ca.
olio su tavola; cm 230x159
prov.: collezione Farnese
inv. Q 121
Proviene dalla chiesa dell'Annunziata a
Viadana, dai cui preti fu venduta nel

1713 al duca di Parma Francesco
Farnese. Un tempo creduta opera del
Parmigianino - cui alcuni attribuiscono
il bozzetto, oggi al Metropolitan
Museum di New York - è invece opera
matura del cognato e seguace di questi,
Girolamo Mazzola Bedoli.

72

Lelio Orsi
San Giorgio e il drago
1550 ca.
olio su tela; cm 60x48
prov.: collezione Farnese
inv. Q 83
Fu acquistato nel 1710 dai Farnese presso il mercante Canopi di Bologna come opera di Lelio Orsi; giunto a Napoli nel 1734 con Carlo di Borbone, fu per lungo tempo attribuito a scuola fiamminga, fino a che nel 1911 il De Rinaldis non lo restituì all'artista reggiano, del quale è opera matura ricca di elementi correggeschi e insieme romani.

Pellegrino Tibaldi
Sacra Famiglia
1550-52 ca.
olio su tavola; cm 86x68
prov.: collezione Farnese
inv. Q 851
Come opera di ignoto era conservata nel
'600 in Palazzo Farnese a Roma, e fu
restituita al Tibaldi soltanto nel 1956
dal Bologna. Tipico dell'artista bolognese
è il linguaggio manierista che tende ad
amplificare in chiave monumentale le
forme, analogo a quanto si vede a
Bologna negli affreschi di Palazzo Poggi
(1550-52).

Boccaccio Boccaccino
Adorazione dei Pastori
1500 ca.
olio su tavola; cm 127x100
prov.: Roma, deposito San Luigi
dei Francesi
(requisizione 1800)
inv. Q 68

Bernardino Luini
Madonna con Bambino
1510-20 ca.
olio su tavola; cm 84x65
prov.: Napoli, collezione Durand
(acquisto 1801)
inv. Q 92

Lorenzo Lotto
*Ritratto del vescovo Bernardo
de' Rossi*
1505
olio su tavola; cm 51,5x43,5
prov.: collezione Farnese
inv. Q 57
Questo ritratto del de' Rossi, arcivescovo
di Treviso, è forse da identificare col
quadro analogo ricordato in un
inventario veneziano dei suoi beni del
1511; nel Seicento passò poi nelle
raccolte Farnese di Parma. È un'opera
giovanile del Lotto; la sua «coperta»
- un'*Allegoria* con lo stemma del
vescovo, oggi nel museo di Washington -
porta la data 1505 e la firma del pittore.

Jacopo Palma il Vecchio
Sacra conversazione con ritratti di donatori
1525 ca.
olio su tavola; cm 134x200
prov.: Napoli, galleria Barbaja (acquisto 1841)
inv. Q.84
I Borbone l'acquistarono dalla raccolta dell'impresario teatrale napoletano Barbaja, ed è da annoverare fra i maggiori incrementi ottocenteschi del museo. Palma ispirò i modi sereni e i colori luminosi delle sue *Sacre Conversazioni* a quelle del giovane Tiziano, ricavandone grande successo commerciale.

Lorenzo Lotto
Sacra Conversazione
1503
olio su tavola; cm 55,5x86,5
prov.: collezione Farnese
inv. Q 55

Antonio Solario
Madonna con Bambino e donatore
1500-10 ca.
olio su tavola; cm 85x66
prov.: Londra, collezione Langton
Douglas
(acquisto 1906)
inv. Q 54

Giovanni Antonio de Sacchis
(detto il Pordenone)
Disputa dell'Immacolata Concezione
1528 ca.
olio su tavola; cm 298x198
prov.: collezione Farnese
inv. Q 86

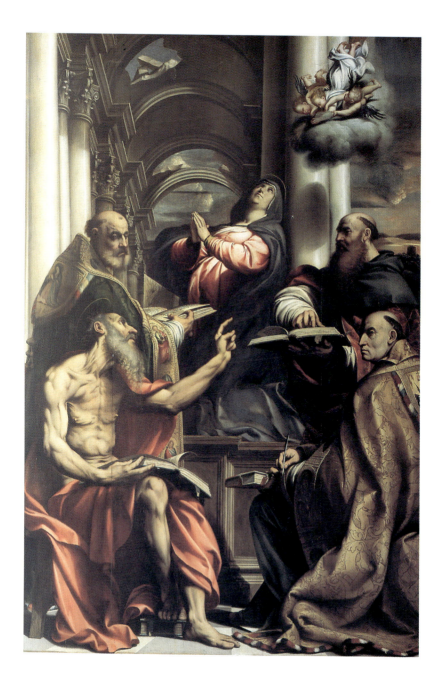

Tiziano
Danae
1545 ca.
olio su tela; cm 149x202
prov.: collezione Farnese
inv. Q 134
Tratta dalle *Metamorfosi* di Ovidio, la celebre scena degli amori fra Danae e Giove - trasformatosi in pioggia d'oro - fu dipinta da Tiziano a Roma nel 1544-46 per il cardinale Alessandro Farnese, che l'avrebbe conservata nelle sue stanze private. Apice delle ricerche sulla luce del pittore ormai maturo, fu vista in corso d'opera da Michelangelo, che ne apprezzò il colorito trovandola tuttavia carente nel disegno.

Tiziano
Paolo III con i nipoti
1545 ca.
olio su tela; cm 202x176
prov.: collezione Farnese
inv. Q 129
Raffigura il papa Paolo III, al termine della sua vita, fra i nipoti Ottavio e Alessandro Farnese, e fu probabilmente commissionato a Tiziano da quest'ultimo, che - da cardinale - ambiva con quest'opera a sancire il ruolo suo e del fratello come continuatori della politica familiare. Capolavoro assoluto della maturità di Tiziano, trae ispirazione dal *Ritratto di Leone X con i cardinali* di Raffaello.

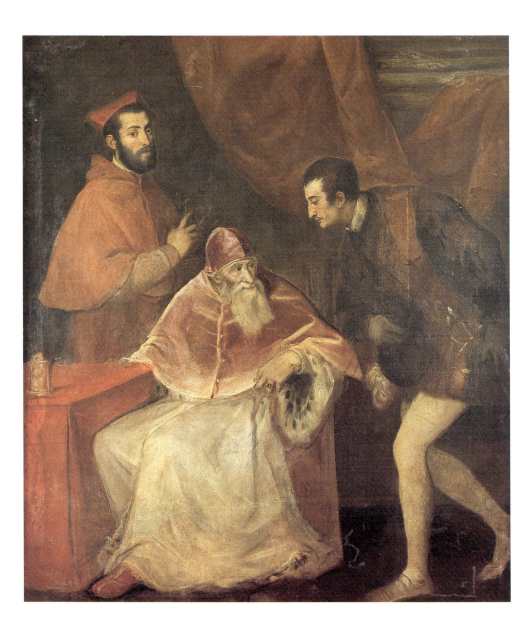

Tiziano
Paolo III con camauro
1545 ca.
olio su tela; cm 126x103
prov.: collezione Farnese
inv. Q 1135

Tiziano
Maddalena
1550-1560 ca.
olio su tela; cm 128x103
prov.: collezione Farnese

84

Tiziano
Annunciazione
1557 ca.
olio su tela; cm 280x193, 5
firmata «Titianus F.»
prov.: Napoli, San Domenico
Maggiore, in deposito
Proviene dalla cappella fondata da
Cosimo Pinelli in San Domenico
Maggiore nel 1557, ed è menzionata in
loco come opera di Tiziano già nella
guida del D'Engenio, del 1623. Fu per
lungo tempo creduta la copia che Luca
Giordano ne aveva tratto per un viceré,
sulla base di un passo in tal senso del De
Dominici (1742/45); ma la copia è in
realtà quella conservata a Madrid, nella
chiesa di San Ginés, mentre la tela di
Napoli è oggi unanimamente
considerata originale di Tiziano.

El Greco
Giovinetto che soffia su un carbone
acceso
1570-1575 ca.
olio su tela; cm 77,2x68
prov.: collezione Farnese
inv. Q 192

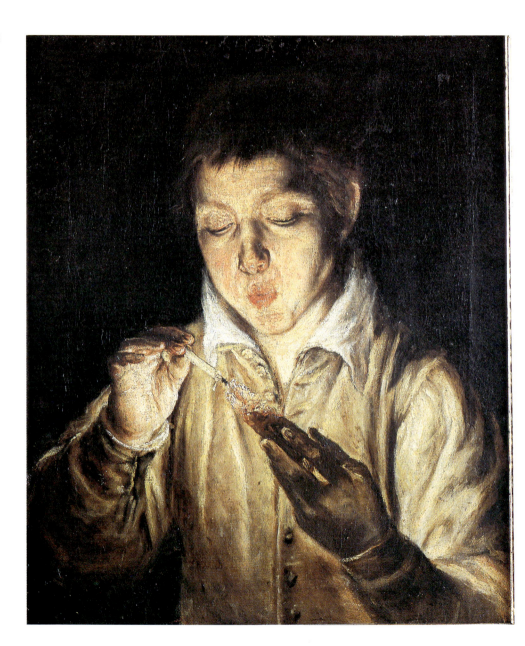

El Greco
Giulio Clovio
1570-1575
olio su tela; cm 62,5x86,5
prov.: collezione Farnese
inv. Q 191
Ritrae il miniatore di origine croata
Giulio Clovio, a lungo al servizio dei
Farnese ed autore, per il cardinale
Alessandro, del celebre *Libro d'Ore*
illustrato oggi alla Pierpont Morgan
Library di New York. È l'opera più
significativa del periodo romano d'El
Greco (1570-75), che in essa immortalò
l'amico e il suo celebre manoscritto
probabilmente su richiesta del loro
comune ospite in Palazzo Farnese, il
bibliotecario e umanista Fulvio Orsini,
dalla cui raccolta il dipinto infatti
proviene.

Konrad Witz
Sacra conversazione
1440-45 ca.
tempera su tavola; 68x41
prov.: collezione Farnese
inv. Q 4

Joos van Cleve
Adorazione dei magi
1515 ca.
Trittico olio su tavola; cm 115x93
115x40 115x40
prov.: collezione borbonica
(acquisto 1800)
inv. Q 12

Lucas Cranach il Vecchio
Cristo e l'adultera
II quarto del secolo XVI
olio su tavola; cm 56x77
prov.: collezione borbonica
inv. Q 13

Joachim Beuckelaer
Mercato del pesce
1570
olio su tela; cm 155x214
prov.: collezione Farnese
inv. Q 163

Pieter Bruegel il Vecchio
Misantropo
1568
tempera su tela; cm 85x85
prov.: collezione Farnese
inv. Q 12
Illustra, nella figura del misantropo che fugge il mondo da cui è derubato della borsa, il proverbio fiammingo trascritto in calce: «giacché il mondo è così infido, mi vesto a lutto». Proviene dalla raccolta di Cosimo Masi, che era stato negli anni ottanta consigliere di Alessandro Farnese nelle Fiandre; dopo la ribellione dei feudatari parmensi ai Farnese fu incamerato dal duca Ranuccio I (1612).

Pieter Bruegel il Vecchio
Parabola dei ciechi
1568
tempera su tela; cm 86x154
prov.: collezione Farnese
inv. Q 1

Jan Sons
Bacco e Arianna
1580-90 ca.
olio su tela; cm 61x39
prov.: collezione Farnese
inv. Q 1349

Jan Sons
Apollo e Dafne
1580-90 ca.
olio su tela; cm 61x40
prov.: collezione Farnese
inv. Q 1348

Herri Met de Bles, detto il Civetta
Il Buon Samaritano
II quarto del secolo XVI
olio su tavola 28,5x43
inv. Q 674

Annibale Carracci
Nozze mistiche di Santa Caterina
1585 ca.
olio su tela; cm 160x128
prov.: collezione Farnese;
in deposito dal Palazzo Reale di Napoli.
Opera capitale del giovane Annibale fu
dipinta attorno al 1585 a Parma, sotto il
forte ascendente dell'arte di Correggio,

per il duca Ranuccio Farnese. A detta del
Bellori (1672) e del Malvasia (1678) il
pittore portò più tardi egli stesso la tela a
Roma (1595), in dono da parte di
Ranuccio al fratello, il Cardinale
Odoardo, e come «biglietto di
presentazione» delle sue doti di emulo
del classicismo cinquecentesco di
Correggio e Raffaello.

Annibale Carracci
Ercole al bivio
1596
olio su tela; cm 168x238
prov.: collezione Farnese
inv. Q 365
Fu dipinto da Annibale nel 1596 per il
cardinal Odoardo, come centro del
soffitto di un camerino di Palazzo
Farnese dedicato a Ercole ed affrescato
con altre scene del mito dell'eroe, preso
a simbolo della «vita virtuosa». La tela,
basata su modelli classici come l'Ares
Ludovisi, illustra in particolare l'apo-
logo di Prodico di Ceo riferito da
Senofonte sul dubbio e la scelta di
Ercole fra la «Voluttà che gli indica la
via piana» del piacere terreno, e la Virtù
«che gli addita l'aspra e faticosa salita...
che conduce al cielo» (Bellori 1672).

Annibale Carracci
Allegoria fluviale
1590-1595
olio su tela; cm 108x94
prov.: collezione Farnese
inv. Q 132

Annibale Carracci
Pietà
1600 ca.
olio su tela; cm 158x152
prov.: collezione Farnese
inv. Q 363
Il Bellori racconta che Annibale avrebbe dipinto questo soggetto di devozione per il cardinal Odoardo Farnese, a Roma. Da sempre fra i quadri più rappresentativi della raccolta, è uno dei più alti raggiungimenti del classicismo monumentale dell'artista, ispirato al modello ideale della *Pietà* di Michelangelo.

Ludovico Carracci
Rinaldo e Armida
1583
olio su tela; cm 166x237
prov.: collezione Farnese
inv. Q 360

Agostino Carracci
Arrigo Peloso, Amon nano
e Pietro Matto
1598 ca.
olio su tela; cm 97x130
prov.: collezione Farnese
inv. Q 369

I dipinti. Il Seicento e il Settecento

L'integrazione fra i due principali filoni di collezionismo farnesiano e borbonico, con in più le numerose acquisizioni avvenute soprattutto lungo il corso dell'Ottocento e del primo Novecento grazie a lasciti, donazioni o acquisti, consente – per ciò che concerne la pittura del XVII secolo meglio che in altri settori – di delineare una rappresentanza davvero significativa delle diverse scuole pittoriche che convivono nel corso del Seicento. La predominanza degli artisti napoletani è ovvia, considerato il grande numero di opere che affluiscono a Capodimonte tramite le espropriazioni dei beni ecclesiastici, ma al seguito di Carlo di Borbone raggiungono Napoli racchiuse in «casse e rotolli», come recita un antico inventario, anche numerosi dipinti emiliani, veneti, romani. Tra questi, i due celebri scomparti con l'*Assunzione della Maddalena* e *Gesù servito dagli angeli* per il soffitto del Camerino degli Eremiti, decorato dal giovane Lanfranco, intorno al 1605, nel Palazzetto Farnese in via Giulia; tele, queste, non soltanto significative per lo sviluppo della pittura di paesaggio del XVII secolo, ma ritenute evidentemente di importanza tale da essere rimosse dalla collocazione originaria per passare da Roma a Parma e di qui a Napoli. Sorte condivisa, peraltro, anche sul fronte della rilevanza per la storia della veduta paesistica, dalla splendida serie di sei piccoli rami di Carlo Saraceni che ripercorrono nelle storie di Icaro, Arianna, Salmace ed Ermafrodito, i miti ispirati dalle *Metamorfosi* di Ovidio, con una limpidezza ineguagliata.

Celebrate da tutti i viaggiatori che visitano la quadreria farnesiana di Capodimonte e da molte delle antiche guide ottocentesche, le numerose tele di Schedoni: la più celebre, la cosiddetta «*Carità piccola*» per differenziarla da quella di maggiori dimensioni oggi a Palazzo Reale, offre una rara raffigurazione di un cieco ad occhi aperti.

Un acquisto importante per colmare una lacuna fu l'*Atalanta e Ippomene* di Guido Reni, pittore di cui mancava un'opera veramente significativa fra quelle giunte da Parma, di nuovo una mitica trasposizione da Ovidio, che Domenico Venuti comprò a Roma nel 1802. Nel corso della vera e propria «campagna acquisti» che Venuti condusse nei primissimi anni dell'Ottocento per incrementare le collezioni borboniche, con l'aiuto del Canova e della Kauffmann, giunse a Capodimonte anche il *Paesaggio* di Lorrain, opera tarda del maestro,

commissionata dal Principe Colonna, il cui feudo di Marino è idealmente raffigurato come sfondo dell'episodio della ninfa Egeria che piange la morte dello sposo Numa Pompilio.

Sul fronte della scuola napoletana, l'opera cardine delle collezioni è costituita dalla *Flagellazione* di Caravaggio, in deposito dal 1977 dalla chiesa di San Domenico Maggiore per ragioni di sicurezza. Recenti radiografie hanno consentito di confermare l'ipotesi che fosse stata eseguita in due tempi, nel 1607 e poi nel 1609-10 all'epoca del ritorno dell'artista a Napoli dopo il viaggio in Sicilia: la figura del carnefice sulla destra risulta sovrapposta ad un ritratto d'uomo rivolto verso Cristo e dimostra forti somiglianze con le opere dipinte dal Merisi proprio in Sicilia.

Con il linguaggio rivoluzionario di Caravaggio dovette misurarsi tutta la tradizione figurativa locale; in maniera diversa e con accenti via via modulati da nuove esperienze, vi si confrontarono i primi naturalisti, da Battistello Caracciolo (i rimandi alla *Flagellazione* del Merisi sono evidenti nel suo *Cristo alla colonna* acquistato da una collezione privata napoletana nel 1973), a Carlo Sellitto che con la *Santa Cecilia*, un tempo nella chiesa di Santa Maria della Solitaria, già mostra di accogliere nuove istanze classiciste; fino ad arrivare alle esperienze più composite di Stanzione, Falcone, Guarino, Artemisia Gentileschi, o Cavallino che con accenti diversi segnano il passaggio ad una nuova stagione dell'arte napoletana.

Di Cavallino in particolare, tra le numerose tele conservate a Capodimonte, spicca la *Santa Cecilia*, l'unico dipinto firmato del pittore e datato 1645, ritornato a Napoli solo di recente dopo molteplici traversie. Fu eseguito infatti per la chiesa di sant'Antonio delle Monache a Port'Alba per poi passare, già a partire dalla prima metà dell'Ottocento, in più d'una collezione privata; fino a che nel 1941, benché notificato, fu venduto ai tedeschi con il consenso del governo fascista, per venire poi recuperato nel 1948 da Rodolfo Siviero e conservato in deposito a Palazzo Vecchio.

Un posto a sé occupa Ribera – del quale pure gli antichi inventari citano opere eseguite per i Farnese ma purtroppo non più ritrovate – presente con alcune delle sue tele più straordinarie: il *Sileno Ebbro*, ancora un acquisto di Venuti, appartenuto un tempo al collezionista fiammingo Gaspare Roomer; le due celebri tele provenienti dalla

106 chiesa della Trinità delle Monache, il *San Gerolamo* e la *Trinitas Terrestris*, che denotano una evoluzione nuova in senso pittoricista.

Oltrepassata la metà del secolo, i due protagonisti principali della scena napoletana, Luca Giordano e Mattia Preti, figurano entrambi con grande rilievo nel catalogo di Capodimonte, a testimonianza di un fitto scambio di idee ed esperienze pittoriche che intercorse fra loro e che determinò il nuovo corso della pittura barocca partenopea.

Un nutrito nucleo di nature morte, infine, dalle prove più antiche di Luca Forte fino a quelle più ricche e complesse della generazione dei Recco e dei Ruoppolo, senza tralasciare Paolo Porpora e Andrea Belvedere, consentono di avere un quadro completo dello sviluppo di uno dei generi più fortunati della pittura napoletana del Seicento.

Molto meno consistente è, a confronto con le testimonianze dei secoli precedenti, la presenza di dipinti settecenteschi. Il nucleo dei napoletani, oltre che da una nutrita serie di bozzetti per le decorazione ad affresco di edifici religiosi eseguite da Solimena e da De Mura, e da alcune significative prove di De Matteis e Bardellino, fa perno sull'ormai celebre *Ritratto di cavaliere del Real Ordine di San Gennaro*, identificato nel principe Tarsia Spinelli, eseguito nella tarda maturità da Solimena, ed acquistato nel 1981; accanto ad esso ben figurano i due ritratti di Gaspare Traversi, quello donato da Roberto Longhi e l'altro datato 1770, ultima opera conosciuta di uno dei più grandi maestri di questo genere a livello europeo.

Accanto a queste, una rilevante serie di tele commissionate dagli stessi sovrani, molto spesso ad artisti non napoletani, celebra momenti significativi della vita di corte: è il caso delle due tele di Giovanni Paolo Pannini che ricordano la visita di Carlo di Borbone al papa Benedetto XIV dopo la vittoria di Velletri del 1744; o, ad esempio, dei ritratti ufficiali, di prestigiosa imponenza, di Anton Raphael Mengs e Angelika Kauffmann. Di provenienza Farnese invece è il bozzetto di Sebastiano Ricci per la chiesa di San Vitale a Parma, rilevante presenza della scuola veneta accanto alla serie di numerose vedute di Venezia, anch'esse farnesiane, di attribuzione incerta fra Michele Marieschi e Francesco Albotto, un tempo credute di Canaletto, trafugate dai francesi nel 1799 e infine recuperate a Roma dal solito Venuti.

Sempre nel campo della veduta, napoletana questa volta, una serie di dipinti, dalle nitide atmosfere di Jacob Philipp Hackert alle pittoresche *Eruzioni del Vesuvio* di Pierre-Jacques Volaire, conclude idealmente il panorama settecentesco delle raccolte di Capodimonte.

Giovanni Lanfranco
Assunzione della Maddalena
1605 ca.
olio su tela; cm 110x78
prov.: collezione Farnese
inv. Q.341
Faceva parte della decorazione del soffitto del Camerino degli Eremiti nel Palazzetto Farnese in via Giulia, affidata interamente al giovane Lanfranco verso il 1605. Con le altre tele di questo ambiente passò a Parma nel l662 e di qui a Napoli con Carlo di Borbone. Di grande suggestione la veduta paesistica a volo d'uccello, rilevante riferimento per lo sviluppo della pittura di paesaggio del XVII secolo.

Giovanni Lanfranco
Madonna con il Bambino e i santi
Domenico e Gennaro
olio su tela; cm 300 x 250
prov.: Afragola (Napoli), chiesa
del Rosario, in deposito

Bartolomeo Schedoni
La Carità
1611
olio su tela, cm 182x125
prov.: collezione Farnese
inv. Q.341
Entrato a far parte della collezione

Farnese a Parma già dal 1611, il dipinto è ricordato tra le opere più celebri di Schedoni per l'accentuato realismo, l'intensa espressività e il timbro cromatico che anticipa le soluzioni dell'ultima attività del pittore.

Carlo Saraceni
Caduta di Icaro
1606-1607
olio su rame; cm 34x54
prov.: collezione Farnese
inv. Q 152

Claude Gelleé detto Lorrain
Paesaggio con la ninfa Egeria
firmato e datato 1669
olio su tela; cm 155x199
prov.: collezione borbonica
(acquisto 1800)
inv. Q.184
La ninfa Egeria piange la morte dello
sposo Numa Pompilio, primo mitico re
di Roma (Ovidio, *Metamorfosi*).
L'ampio scorcio paesistico ricorda il
lago di Nemi e le colline di Marino,
feudo dei Colonna. La tela fa parte
infatti di una serie di nove dipinti
commissionata dal Principe Colonna
nella tarda maturità del Lorrain. Fu
acquistata a Roma per i Borbone da
Domenico Venuti nel 1800.

Guido Reni
Atalanta e Ippomene
1620-1625 ca.
olio su tela; cm 191x 264
prov.: collezione borbonica (acquisto
1802)
inv. Q.349
Ippomene, con l'aiuto di Venere e dei
pomi d'oro da lei ricevuti, riesce a
vincere nella corsa la giovane Atalanta,
superando una prova fatale a tutti i
pretendenti che l'avevano preceduto.
Reni traduce questa favola mitologica,
sottolineandone il momento
culminante, in una composizione molto
articolata nota anche attraverso una
versione più grande, anch'essa
autografa, al museo del Prado a Madrid.

112

Michelangelo Merisi
detto il Caravaggio
Flagellazione di Cristo
1607/ 1609-10
olio su tela; cm 266x213
prov.: Napoli, Chiesa di San Domenico
Maggiore (in deposito al Museo
di Capodimonte)
Proviene dalla cappella de Franchis
nella chiesa di San Domenico Maggiore,

dove è sostituita da una copia di Andrea
Vaccaro. Fu commissionata nel maggio
1607 ma completata con la figura del
carnefice sulla destra soltanto intorno al
1609-10, all'epoca del secondo
soggiorno a Napoli dell'artista, di
ritorno dalla Sicilia. Costituì un punto
di riferimento ineludibile per tutta la
cultura pittorica locale.

Carlo Sellitto
Santa Cecilia
1613
olio su tela; cm 260x185
prov.: Napoli, Santa Maria della
Solitaria (immissione ante 1821)
inv. Q 313

Battistello Caracciolo
Cristo alla colonna
1625 ca.
olio su tela; cm 183x129
prov.: Napoli, collezione Mancini
(acquisto 1973)
inv. Q 1780

Jusepe de Ribera
Sileno ebbro
firmato e datato 1626
olio su tela; cm 185x229
prov.: collezione borbonica
(acquisto 1802)
inv. Q 298
Appartenuta alla collezione del
mercante fiammingo Gaspare Roomer,
noto collezionista nella Napoli del
Seicento, la tela raffigura – secondo il
racconto dei *Fasti* di Ovidio – un festino
organizzato in onore di Bacco con satiri
e ninfe, Pan e Sileno disteso in primo
piano. Costituisce uno dei vertici più
intensi della prima maturità di Ribera,
in una fase di stretta adesione
all'esperienza caravaggesca.

116

Jusepe de Ribera
San Girolamo e l'Angelo del giudizio
1626
olio su tela; cm 267x164
prov.: Napoli, Trinità delle monache
inv. Q 312

Jusepe de Ribera
*La Trinità terrestre con i Santi Bruno,
Benedetto, Bernardino
e Bonaventura*
firmato; 1626-1630 ca.
olio su tela; cm 393x262
prov.: Napoli, Palazzo Reale, dalla
chiesa della Trinità delle Monache
inv. Q 1793
La grande composizione, completata

nella parte alta da un *Eterno Padre*, fu
eseguita tra il 1626 e prima del 1630 per
la chiesa della Trinità delle Monache
per la quale Ribera dipinse anche, nel
1626, il *San Gerolamo e l'angelo* pure
a Capodimonte. È una testimonianza
molto significativa dell'arricchimento
pittoricista di quelle esperienze
caravaggesche tipiche della prima
attività dell'artista.

Maestro dell'annuncio ai pastori
Annuncio ai pastori
1625-30
olio su tela; cm 178x262
prov.: Napoli, San Martino, in deposito

Massimo Stanzione
Sacrificio di Mosè
1628-30
olio su tela; cm 288x225
prov.: Napoli, collezione Lombardi
di Cumia (acquisto 1953)
inv. Q 1722

120

Massimo Stanzione
Adorazione dei pastori
1645 ca.
olio su tela; cm 255x210
prov.: Napoli, chiesa del Divino
Amore
(immissione ante 1870)
inv. Q 479

Artemisia Gentileschi
Giuditta e Oloferne
1625-30
olio su tela; cm 162x126
prov.: Napoli, collezione De Simone
(acquisto 1827)
inv. Q 378

122

Francesco Guarino
Santa Cecilia all'organo
1640 ca.
olio su tela; cm 124x152
prov.: Napoli, collezione Alfieri
(acquisto 1845)
inv. Q 293

Aniello Falcone
Elemosina di Santa Lucia
1630 ca.
olio su tela; cm. 75x86
prov. Roma, collezione Aldo Briganti
(acquisto 1966)
inv. Q 1771

Bernardo Cavallino
Erminia tra i pastori
1650 ca.
olio su tela; cm 123x97
prov.: Napoli, collezione Esposito
(dono 1938)
inv. Q 1717

Bernardo Cavalino
Santa Cecilia in estasi
firmato e datato 1645
prov.: Napoli, Sant'Antonio
delle Monache
inv. Q. 1795
È l'unico dipinto datato di Cavallino, di grande eleganza formale e raffinato cromatismo. Era collocato un tempo sull'altare maggiore della chiesa di Sant'Antonio delle Monache presso Port'Alba per passare poi, già nel corso dell'Ottocento, in collezione privata. Venduto ai tedeschi nel 1941, fu recuperato nel 1948 e custodito in Palazzo Vecchio a Firenze fino ad essere destinato nel 1988 a Capodimonte, dove se ne conserva anche il bozzetto preparatorio.

126

Andrea Vaccaro
Adorazione del vitello d'oro
1650 circa
olio su tela; cm 208x260
prov.: Napoli, collezione Colletta
(dono 1955)
inv. 1752

Matthias Stomer
Sacra famiglia
olio su tela; cm 152x206
prov.: Napoli, Sant'Efremo Nuovo
(immissione dai monasteri soppressi 1807)
inv. Q 194

128

Antonie Van Dyck
Crocifisso
olio su tela; cm 155x111
prov.: Napoli, collezione Sartorio
(acquisto 1844)
inv. Q 193

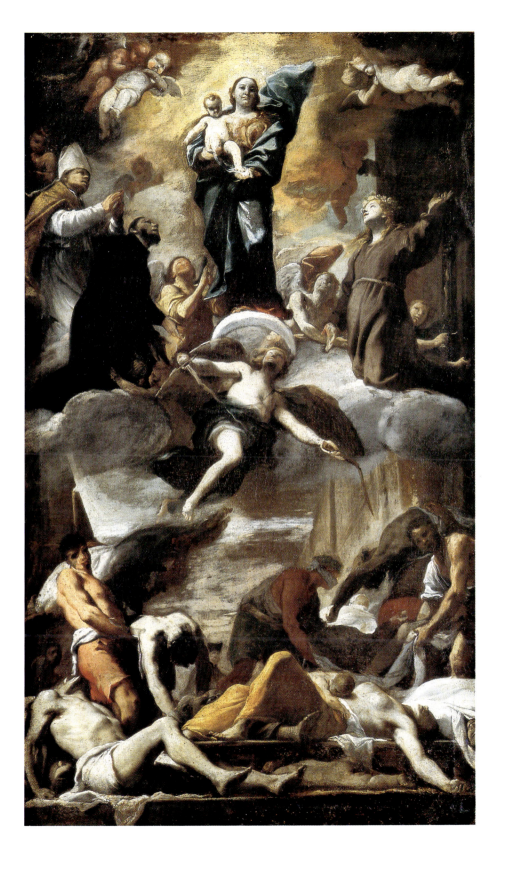

Alla pagina precedente:
Mattia Preti
Bozzetti degli affreschi votivi
per la peste del 1656
olio su tela; cm 127x76 ciascuno
prov.: collezione borbonica
invv. Q.262 e Q.265
Si tratta dei bozzetti per gli affreschi –
oggi perduti – che furono fatti dipingere

sulle sette porte della città per invocare
la protezione divina in occasione della
terribile pestilenza del 1656. Gli
affreschi, eseguiti tra il novembre 1656 e
l'aprile 1659 secondo una precisa
iconografia approvata dal governo degli
Eletti, costituiscono uno degli incarichi
più rilevanti nella fortunata carriera di
Preti a Napoli.

Mattia Preti
San Sebastiano
1657
olio su tela; cm 240x169
prov.: Napoli, Santa Maria dei Sette
Dolori, in deposito

Luca Giordano
Nozze di Cana
1659-60
olio su tela; cm 80x100
prov.: Napoli, San Martino
(immissione dai monasteri soppressi
1806)
inv. Q 267

Luca Giordano
Lucrezia e Tarquinio
firmato e datato 1663
olio su tela; cm 160x83
prov.: collezione d'Avalos
(dono 1862)

Luca Giordano
Madonna del Rosario
(o del baldacchino)
1686 ca.
olio su tela; cm 430x240
prov.: Napoli, Santo Spirito
di Palazzo (immissione
dai monasteri soppressi dopo il 1816)
inv. Q.268
La composizione monumentale rivela
chiaramente la sua derivazione da

motivi scultorei sia nell'ideazione
complessiva che in particolari quali gli
angeli che reggono il baldacchino o la
plastica rotondità dei putti che
richiamano il Bernini. È uno dei
momenti più felici dell'ampia
produzione di Giordano, con più di una
affinità con l'opera coeva del Gaulli,
pure interessato a tradurre sul piano
pittorico le conquiste del Bernini.

134

Luca Forte
Natura morta con pere e mele
1640 ca.
olio su tela; cm 26x35
prov.: Napoli, Museo Duca di Martina,
in deposito

Luca Forte
*Natura morta con ciliege, fragole
e frutti*
1640 ca.
olio su tela; cm 26x35
prov.: Napoli, Museo Duca di Martina,
in deposito

Giovan Battista Recco
Interno di cucina
1650 ca.
olio su tela; cm 128x140
prov.: Napoli, collezione Baratti
(acquisto 1972)
inv. Q 1776

Giuseppe Recco
Pesci
1680 ca.
olio su tela; cm 157x203
prov.: Napoli, collezione Errico
Frascione (dono 1921)
inv. Q 303

Giovan Battista Ruoppolo
Natura morta con ortaggi
1650 ca.
olio su tela; cm 50x76
prov.: non accertata
(ante 1930)
inv. Q 1217

Paolo Porpora
Fiori con coppa di cristallo
1655 ca.
olio su tela; cm 148x113
prov.: non accertata
(ante 1930)
inv. Q 972

Francesco Solimena
Ritratto del Principe Tarsia Spinelli in abiti da Cavaliere del Reale Ordine di San Gennaro
1741 ca.
olio su tela; cm 250x168
prov.: Napoli, collezione Enrico Gaetani (acquisto 1981)
inv. 1787

Opera superba dell'ultima attività dell'artista, databile intorno al 1741, raffigura Ferdinando Vincenzo Spinelli, principe di Tarsia, noto collezionista e figura di grande rilievo alla corte di Carlo di Borbone, tra i primi aristocratici ad essere insigniti dell'onorificenza istituita dal re nel 1738.

140

Francesco Solimena
Enea e Didone
1739-41 ca.
olio su tela; cm 435x340
prov.: Napoli, Palazzo Tarsia Spinelli
(acquisto 1961)
inv. S.M. 1734
Enea incontra Didone offrendole doni
mentre Cupido, nelle sembianze di

Ascanio, è già accanto alla regina per
favorirne l'innamoramento. È un'opera
della tarda maturità di Solimena, una
sorta di compendio delle sue più felici
soluzioni sia pittoriche che compositive,
riutilizzate con rinnovato vigore
dall'anziano maestro raggiungendo esiti
di grande teatralità.

Francesco De Mura
San Benedetto accoglie Totila
1710 ca.
prov.: Napoli, Pio Monte della
Misericordia, lascito de Mura
(acquisto 1907)
inv. Q 218
Si tratta di un bozzetto preparatorio per
gli affreschi che decorano con vari
episodi della vita di San Benedetto la
volta della chiesa napoletana dei Santi
Severino e Sossio. De Mura lavora alla
decorazione dell'intera chiesa a più
riprese tra il 1738 e il 1746 cominciando
proprio dall'intervento nella volta, dove
più marcata è l'adesione a soluzioni
solimenesche. Insieme ad altri due
bozzetti della stessa serie venne acquistato
dal museo nel 1907.

Gaspare Traversi
Ritratto di canonico
firmato 1770
olio su tela; cm 77x63
prov.: New York, collezione Ganz
(acquisto 1989)
inv. Q 1788
Si tratta dell'ultima opera conosciuta
dell'artista, esempio significativo di una
capacità ritrattistica che associa grande
rigore formale e penetrazione
psicologica.

Anton Raphael Mengs
Ritratto di Ferdinando IV fanciullo
1760 ca.
olio su tela; cm 180x126
prov.: collezione borbonica
inv. Q.207
Il ritratto del giovane sovrano all'età di nove anni fu eseguito da Mengs appena giunto alla corte napoletana. Di grande efficacia l'accordo cromatico, la ricchezza dei particolari, e lo scorcio della scena che fa risaltare il ruolo e l'importanza del piccolo re effigiato nonostante la giovane età.

Angelica Kauffman
La famiglia di Ferdinando
di Borbone
1783
olio su tela; cm 300x425
prov.: collezione borbonica
inv. O.A. 6557

Giovanni Paolo Pannini
Carlo III di Borbone visita il papa
Benedetto XIV nella coffee-house del
Quirinale
1746
olio su tela; cm 121x171
prov.: collezione borbonica
inv. Q 205

Fu commissionato insieme ad un
pendant da Carlo di Borbone in ricordo
della visita fatta al papa dopo la vittoria di
Velletri sugli austriaci nel 1744. Il carattere
raffinato e mondano della composizione
viene esaltato dal ricco campionario
umano in pose ed atteggiamenti di acuto
realismo e grande sensibilità.

Jacob Philipp Hackert
Ferdinando IV a caccia di folaghe
sul lago Fusaro
1783
olio su tela; cm 141x219
prov.: collezione borbonica
inv. OA 7422

Pierre-Jacques-Antoine Volaire
Eruzione del Vesuvio
firmato e datato 1782
olio su tela; cm 130x229
prov.: collezione d'Avalos
(dono 1862)
inv. d'Avalos 22

Michele Marieschi (attr.)
Veduta di Venezia con la chiesa
della Salute
olio su tela, cm 62x97
prov. collezione Farnese
inv. Q 819

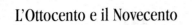

L'Ottocento e il Novecento

Com'è noto, a Napoli nella prima metà dell'Ottocento, analogamente alla situazione europea, maturarono due diversi orientamenti artistici: da un lato, la corrente neoclassica si affermò anche grazie ai cospicui ritrovamenti archeologici, sia nell'area puteolana che in quella vesuviana; dall'altro emerse la sensibilità romantica sull'onda delle bellezze naturali contemplate con vibrante emozionalità. Contribuì, inoltre, allo sviluppo figurativo l'articolato apporto culturale dei numerosi artisti stranieri presenti a Napoli in quegli anni.

Le grandi tele ottocentesche entrarono a Capodimonte in tale periodo come doni o acquisti della Corte o come prove dei concorsi per il Pensionato, raffiguranti in prevalenza soggetti mitologici o storici e furono conservate e ordinate, più in funzione di arredamento che di vero e proprio allestimento museale, dal pittore ufficiale Tommaso De Vivo. Quanto al «paesaggio» va sottolineato l'innovativo linguaggio proposto da Anton Sminck Pitloo (Arnhem 1791-Napoli 1837) attivo e ispirato titolare di quella cattedra all'Accademia e da Giacinto Gigante (Napoli 1806-1876). Entrambi furono sensibili interpreti della realtà non più solo come immagine-ricordo ma quale risonanza emozionale dell'artista davanti al brano di natura.

Il pittore ufficiale di Corte Gabriele Smargiassi (Vasto 1798-1889) tenne, subito dopo, lo stesso insegnamento; tuttavia l'ambiente avvertì un calo di vitalità a causa del suo temperamento portato all'illustrazione ufficiale; peraltro, i pittori della cosiddetta «Scuola di Posillipo» costituirono una schiera ben ricca di nomi ed opere importanti. Sempre per quanto attiene l'Accademia, è indicativo ricordare che Giuseppe (Lanciano 1812-Parigi 1888) e Filippo Palizzi (Vasto 1818-Napoli 1899) presto abbandonarono il discipulato sospinti dalla loro viva insoddisfazione: Filippo aderì alla nuova istituzione scolastica «Istituto di arti applicate», mentre Giuseppe fu uno dei primi artisti napoletani a risiedere in Francia (a Barbizon) dove attinse le spinte verso una più moderna pittura di paesaggio.

Altri impulsi provennero dall'area toscana, specie dal movimento dei Macchiaioli importato a Napoli da Adriano Cecioni (Vagnia 1836-Firenze 1886), teorico della tendenza oltre che sensibile artista, il quale contribuì al consolidamento della poetica rivoluzionaria intrinseca alla «Scuola di Resina». In questo raccolto gruppo l'opera di maestri di grande sensibilità, come Marco De Gregorio (Resina 1829-Napoli 1875) e Federico Rossano (Napoli 1835-1915) non venne al momento, troppo apprezzata e l'episodio si esaurì in sé stesso, nonostante le notevoli enunciazioni programmatiche. Solo Giuseppe De Nittis (Barletta 1846-Saint-Germain en Laye 1884), probabilmente perché meno impegnato nel «sociale», incontrò notevole successo.

Posizione a sé assunse Domenico Morelli (Napoli 1823-1901) già 1855 con *Gli inconoclasti* orientato alla nuova sensibilità socio-romantica, seppure talvolta sembrò tendere all'«illustrazione» tipica del romanzo storico o alla moda dell'orientalismo o a tentare alcune valide soluzioni espressive come nella *Dama col ventaglio*.

La seconda metà dell'Ottocento fu caratterizzata da una coralità di pittori: da Mancini a Toma, da Altamura a Netti, da Cammarano a Patini, da Michetti a Migliaro, i quali sia pure con linguaggi e personalità mutevoli, rappresentavano aspetti e caratteri intensamente diversi ed efficaci della «napoletanità». Con essi Vincenzo Gemito (Napoli 1852-1929) fu vivace interprete della realtà popolare intrisa di vibranti desunzioni dal mondo ellenistico variamente affiorante durante il lungo arco della sua operosità.

In conclusione, dopo l'Unità d'Italia, col cambiamento di uso di molti palazzi reali, si pensò di destinare Capodimonte ad una Quadreria «riunendo colassù le non poche pregiate opere moderne di pittura e di scultura esistenti in queste Regge meridionali»; di ciò fu incaricato dal 1864 per un ventennio circa il cavaliere Annibale Sacco, che fu coadiuvato nelle scelte museali da Domenico Morelli e da Federico Maldarelli (A. Sacco, *Notizie sul palazzo di Capodimonte*, 1884).

Sacco modificò numerose volte l'ordinamento delle opere a seconda degli acquisti, dei doni o dei trasferimenti in (o da) altre regge. In merito a tali sistemazioni va ricordata l'utile – pur nei suoi limiti – *Guida alla Pinacoteca Reale di Capodimonte* edita nel 1887 ad opera del noto pittore Gonzalvo Carelli.

Dopo più di mezzo secolo di disinteresse per le condizioni della Galleria dell'Ottocento, Bruno Molajoli nel 1957 la riallestì, con molti meriti, aggiungendo ad una scelta di opere provenienti dalla collezione borbonica e da quella post-unitaria la donazione dei fratelli Rotondo (ora a San Martino).

Nello stesso anno entrò nel Museo la cospicua collezione del commendator Alfonso Marino e poco dopo il deposito temporaneo delle opere ottocentesche di proprietà del Banco di Napoli. Vi giunsero nel 1962 tredici dipinti di Gioacchino Toma, lasciati per testamento dal figlio Gustavo e nel 1965 una serie di opere di pittori stranieri della collezione della Principessa Margherita Soulier di Marsiconovo. È del 1972 l'arrivo dell'ingente donazione Astarita con alcuni (olii) e centinaia di disegni e dipinti su carta eseguiti da Giacinto Gigante. Nel 1986 è stato donato al Museo l'importante dipinto del periodo divisionista di Giacomo Balla; dal 1993 è in corso l'accettazione di rito della significativa donazione di alcune opere di Vincenzo Gemito da parte dell'ultima nipote.

Louis Lemasle
Il matrimonio della Principessa
Maria Carolina di Borbone col Duca
di Berry
firmato e datato 1822-23
olio su tela; cm 175x238
prov.: collezione borbonica

inv. 176 O.A.
Le nozze qui rappresentate furono
celebrate per procura il 24 aprile 1816
nella Cappella di Palazzo Reale a Napoli
e il Duca di Berry fu per l'occasione
rappresentato dal Principe Leopoldo di
Borbone.

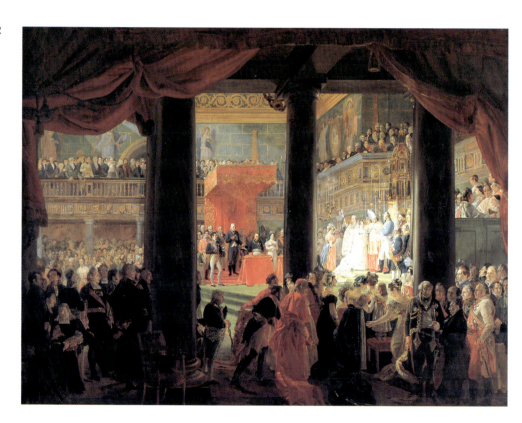

Vincenzo Camuccini
L'uccisione di Giulio Cesare
1793-1806 circa
olio su carta su tavoletta; cm 24x38
prov.: collezione Redaelli
(acquisto 1965)
inv.: 1741 Q.

Alexandre Dunouy
Napoli da Portici
firmato e datato 1814
olio su tela; cm 130x182
prov.: collezione borbonica
inv. 1394 O.A.

Johann Christian Dahl
La Real Casina di Quisisana
firmato e datato 1820
olio su tela; cm 93x136,5
prov.: Principi di Danimarca (dono
1820); inv. 1388 O.A.

Il pittore fu inviato a Napoli per alcuni
mesi dal Principe Friederick di
Danimarca per eseguire il dipinto, da
donare al Re Ferdinando I in segno di
gratitudine per l'ospitalità ricevuta
presso la Casina di Quisisana.

Anton Sminck Pitloo
I templi di Paestum
1824-25 circa
olio su tela; cm 60x86
prov.: collezione borbonica
inv. 112 O.A.
Il dipinto è ascrivibile ai primi anni del
soggiorno in Italia del pittore olandese,
quando si dedica alla resa naturalistica
di monumenti classici, peraltro senza
enfasi e retorica. Pitloo già si era
orientato ad un linguaggio pittorico
libero da schemi accademici; qui è
ancora presente l'impostazione
classicistica formulata però in tono
quotidiano.

Anton Sminck Pitloo
Il boschetto Francavilla al Chiatamone
1823-24 circa
olio su tela; cm 44x75
prov.: collezione Banco di Napoli
(deposito)

Giacinto Gigante
La Marinella
1855 circa
firmato
matita e acquerello su carta;
mm 348x530
prov.: collezione Banco di Napoli
(deposito)

Giacinto Gigante
*La costiera d'Amalfi con mare
in tempesta*
1837 circa
firmato
olio su tela; cm 28,5x40,5
prov.: acquisito prima del 1874
inv. 40 O.A.

Giacinto Gigante
La Cappella del Tesoro nel Duomo di Napoli
firmato e datato 1863
acquerello su carta; mm 720x525
prov.: acquisto del Re Vittorio
Emanuele II (1863)
inv. 134 P.S.
È rappresentata la solenne cerimonia in occasione dello scioglimento del sangue di San Gennaro, che avviene due volte all'anno nella Cappella del Tesoro. Il dipinto, commissionato e acquistato direttamente dal re è molto importante per la ricerca espressiva di Gigante: il particolare uso del colore sulla carta consente di ottenere efficacemente i vividi riflessi della luce delle candele sugli argenti e i bronzi che decorano la Cappella.

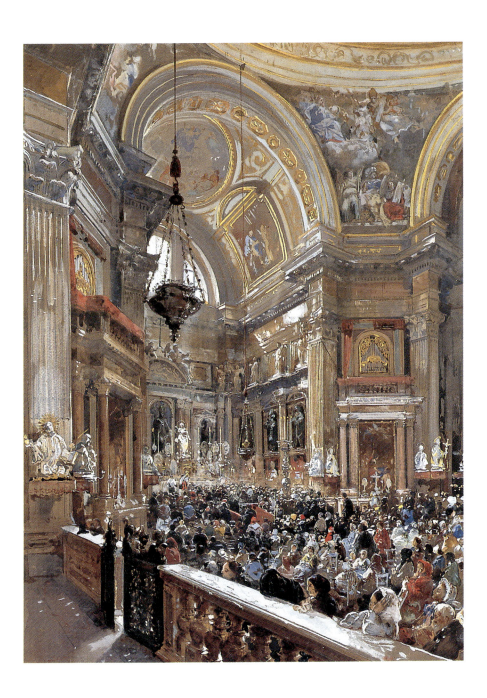

Domenico Morelli
Gli Iconoclasti
firmato e datato 1855
olio su tela; cm 257x212
prov.: acquisito prima del 1860
inv. 74 P.S.

Domenico Morelli
Dama con ventaglio
firmato e datato 1873
olio su tela; cm 111x76,5
prov.: collezione Banco di Napoli
(deposito)
Già nella collezione del marchese Doria

e del Duca di Eboli, il dipinto è
caratterizzato da un'ispirazione al
luminismo in cui i colori assumono
una ricchezza e una levità inconsuete.
Particolare significato assumono le
variazioni del bianco delle stoffe nella
zona inferiore del quadro.

161

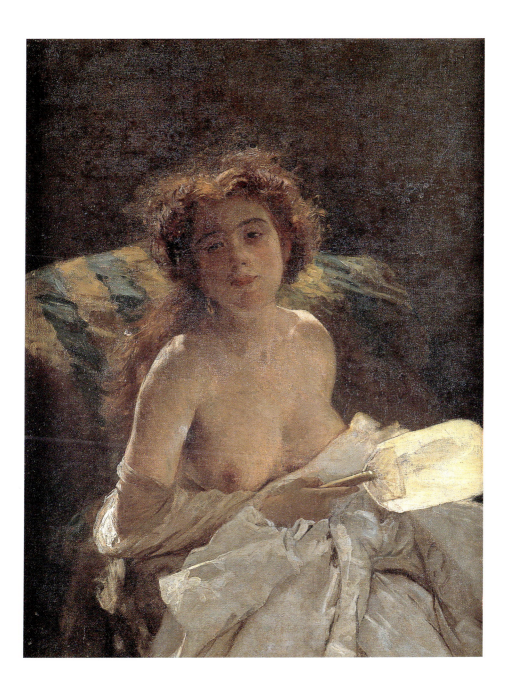

Marco de Gregorio
Veduta di Casacalenda
1863-67 circa
olio su tela; cm 67x84
prov.: collezione Marino (donazione
1957)
inv. 7700 O.A.

Giovanni Fattori
Soldato a cavallo
1870 circa; firmato
olio su tavola; cm 36,5x21
prov.: collezione Cenzato (donazione 1969)
inv. 8308 O.A.

Il cavalleggero presenta un forte vigore nella configurazione fisica. Una particolare energia appare nell'accenno di movimento e nella frontalità della figura impegnata nell'azione.

Giuseppe de Nittis
La traversata degli Appennini
firmato e datato 1867
olio su tela; cm 44x76
prov.: acquisto del Re Vittorio
Emanuele II (1867)
inv. 61 P.S.

Michele Cammarano
Ozio e lavoro
1862-63 circa
firmato
olio su tela; cm 60x118
prov.: acquisto del Re Vittorio
Emanuele II (1863)
inv. 9 P.S.

Michele Cammarano
I legnaiuoli
1878 circa
olio su tela; cm 30x45
prov.: collezione Banco di Napoli
(deposito temporaneo)

Nicola Palizzi
Rivista militare al Campo di Marte
firmato e datato 1857
olio su tela; cm 20x27
prov.: collezione Marino (donazione
1957)
inv. 7643 O.A.

Filippo Palizzi
Studio per la Gita a Cava
firmato e datato 1881
olio su tela; cm 24x38
prov.: Collezione Marino (donazione 1957)
inv. 7633 O.A.
Bozzetto per un dipinto in collezione privata. Se ne segnala l'indubbia novità sia nel linguaggio pittorico che compositivo rispetto ai dipinti frequentemente prodotti dall'illustre artista. Nonostante la scena sia all'aperto, gli elementi essenziali del dipinto sono l'interesse ritrattistico per i personaggi e la sensibilità alla luce che modula variamente il sottobosco; le chiome degli alberi e il cielo soprastanti sono solo da immaginare. Chiari sono i riferimenti alla pittura francese coeva, trasmessa dal fratello Giuseppe a lungo residente a Barbizon.

Francesco Netti
La sortie du bal
firmato e datato 1872
olio su tela; cm 46x56
prov.: collezione Morisani (donazione
1978)
inv. 8340 O.A.

Teofilo Patini
Studio per le Bestie da soma
1885 circa
firmato
olio su tela; cm 31x40
prov.: collezione Marino (donazione
1957)
inv. 7677 O.A.

Gioacchino Toma
Luisa Sanfelice in carcere
firmato e datato 1874
olio su tela; cm 63x79
prov.: collezione Gualtieri (acquisto 1970)
inv. 7798 O.A.
È qui raffigurata la nobildonna napoletana condannata a morte durante la restaurazione borbonica, dopo la sfortunata Repubblica del '99. Il personaggio è intento a preparare il corredino per il figlio che dovrebbe nascere. È evidente l'intenzione tipica dell'artista di rendere il dramma di una donna legata al quotidiano, piuttosto che ad un impegno politico di alto significato civile e morale. Esistono alcuni bozzetti ed una seconda redazione del 1877.

Gioacchino Toma
Il tatuaggio dei camorristi
1888-90 circa
olio su tela; cm 88x130
prov.: collezione Toma (donazione
1960)
inv. 7723 O.A.

Antonio Mancini
Autoritratto
datato 1882
sanguigna su cartoncino, mm 580x460
prov.: acquisto del Re Umberto I (1882)
inv. 305 P.S.

172

Francesco Paolo Michetti
Autoritratto
1895 circa
firmato
olio su tela; cm 49x34
prov.: collezione Marino (donazione
1957)
inv. 7688 O.A.

Vincenzo Gemito
La zingara
firmato e datato 1885
matita e acquerello con rialzi a biacca
su carta; mm 470x300
prov.: collezione Banco di Napoli
(deposito)

174

Vincenzo Gemito
Autoritratto
firmato e datato 1914
matita su pergamena; mm 640x510
prov.: collezione Banco di Napoli
(deposito)

Francesco Paolo Michetti
La Processione del Venerdì Santo
firmato e datato 1895
pastello carboncino e acquerello su
carta; mm 850x920
prov.: collezione Cenzato (donazione
1969)
inv. 8295 O.A.

176

Antonio Mancini
Ritratto con ventaglio
firmato e datato 1922
olio su tela; cm 70x60
prov.: collezione Marino (donazione
1957)
inv.: 7685 O.A.

Vincenzo Migliaro
San Biagio dei Librai
firmato e datato 1928
olio su tela; cm 56x51
prov.: collezione Marino (donazione
1957)
inv. 7692 O.A.

Giovanni Boldini
Strillone parigino
1880 circa
firmato
olio su tavola; cm 47x29
prov.: collezione Marino (donazione
1957)
inv. 7681 O.A.
Boldini si cimenta con un tema per lui insolito, infatti ogni elemento del dipinto tende ad una caratterizzazione sociale. Se lo spunto proviene dal marcato realismo dei celebri artisti francesi Daumier e Courbet, la costruzione complessiva del personaggio, tuttavia, rimanda alle figure raffinate del mondo boldiniano.

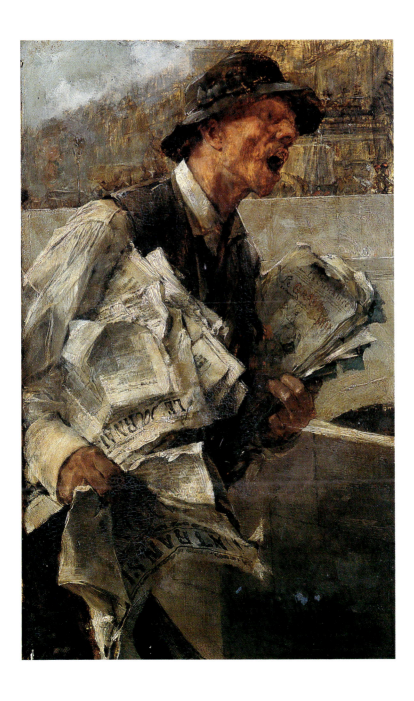

Giovanni Boldini
La passeggiata nel parco
1884 circa
firmato
olio su tela; cm 55x44
prov.: collezione Marino (donazione 1957)
inv. 7663 O.A.

È una felice simbiosi tra un ritratto femminile e la rappresentazione di un paesaggio autunnale. Il viso della donna, quasi di porcellana, tipico delle donne di Boldini, risalta rispetto al resto del dipinto reso con un linguaggio organico di chiara provenienza francese.

Gaetano Previati
Lo sposalizio
1895-96 circa
olio su tela; cm 25x40
prov.: collezione Marino (donazione 1957)
inv. 7659 O.A.

Giuseppe Pellizza da Volpedo
Il prato
firmato e datato 1897
olio su tavola; cm 22x35
prov.: collezione Marino (donazione 1957)
inv. 7661 O.A.
Nonostante la ricerca divisionista,

questo gradevole dipinto mostra un paesaggio ancora nei connotati naturalistici. È da segnalare la dedica al pittore napoletano Casciaro, amico dell'artista, alla cui collezione apparteneva prima di passare in quella Marino.

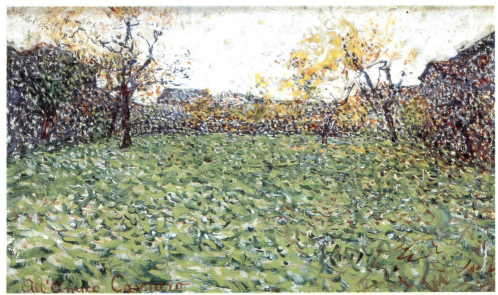

Giacomo Balla
La famiglia Carelli
firmato; 1901-2
olio su tela; cm 100x75,5
prov.: collezione Carelli (donazione 1986)
inv. 8376 O.A.
Fu commissionato come ritratto della signora Carelli, ma Balla volle includere nell'inquadratura il marito e la figlioletta Libera che poi diventerà un'illustre letterata e una sensibile poetessa napoletana. È significativo del momento cosiddetto ritrattista poco prima della fase futurista che ebbe inizio verso il 1910. Dall'opera traspare la maturità espressiva raggiunta dall'autore dopo le esperienze torinesi, romane e parigine.

182

Andy Warhol
Vesuvius
1985
acrilico su tela; cm 240x300
prov.: dono di Lucio Amelio (1993)
inv. Q 1794
La tela è stata realizzata in occasione
della mostra *Vesuvius by Warhol*,
tenutasi nel 1985 nel Museo di
Capodimonte di Napoli. L'artista
americano volle dedicare un omaggio al
più famoso e ricorrente tra i temi della
veduta partenopea, il Vesuvio in
eruzione. L'immagine del vulcano,
ripetuta serialmente, viene trasformata in
icona della comunicazione

Bertel Thorwaldsen
La Notte
1815
firmato
bassorilievo in marmo; cm ø 77
prov.: collezione borbonica
inv.: 10815 A.M.
È una replica autografa (1835), tra i
numerosi esemplari dell'importante
rilievo, eseguiti da Thorwaldsen nel suo
studio a Roma.

Vincenzo Gemito
Il giocatore
1867-68 circa
gesso bronzato, h. cm. 64
prov.: acquisto del re Vittorio
Emanuele II (1868)
inv.: 203 P.S.

L'opera, acquistata dal re nel 1868, non
è mai stata fusa in bronzo. Ha subito
gravissimi danni durante l'ultima
guerra, riparati in un accurato restauro
negli anni Cinquanta. Attesta il primo
momento degli studi di Gemito sugli
"scugnizzi napoletani".

Vincenzo Gemito
Il fiociniere
firmato e datato 1872
terracotta, h. cm. 36
Prov.: collezione Banco di Napoli
(deposito)

Giacomo Ginotti
L'emancipazione della schiavitù
firmato e datato 1877
marmo, h. cm 150
prov.: acquisto del re Vittorio
Emanuele II (1877)
inv.: 186 P.S.

Vincenzo Gemito
Ritratto di Raffaele Viviani
Firmato e datato 1926
terracotta, h. cm. 47
prov.: collezione Viviani (donazione
1975)
inv.: 1444

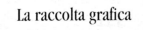

La raccolta grafica

La raccolta grafica di Capodimonte, che riflette sostanzialmente le vicende storiche del Museo, si articola in diversi nuclei costitutivi, comprendenti nell'insieme 2500 fogli, tra disegni e acquarelli, e poco più di 22.000 stampe.

Il nucleo più antico è formato dai 52 disegni appartenenti alle collezioni di Casa Farnese ereditate da Carlo di Borbone e trasferite da Parma a Napoli dopo il 1734. Il fondo, in origine numericamente più consistente, ma già notevolmente ridotto prima del passaggio nella Capitale meridionale (altri fogli della stessa raccolta sono stati identificati, ad esempio presso il Museo del Louvre, il British Museum e presso le collezioni reali di Windsor), era inizialmente presso il Palazzo Farnese a Roma e dal 1662 presso il Palazzo del Giardino a Parma; a Napoli, insieme alla 'quadreria', alla biblioteca e al medagliere, fu sistemato prima in alcuni ambienti al piano nobile della nuova Reggia di Capodimonte e poi, dagli inizi del secolo scorso, nella sede del Real Museo Borbonico presso il Palazzo dei Regi Studi. Di questo nucleo farnesiano i tre 'cartoni', recentemente restaurati, di Michelangelo per un particolare degli affreschi nella Cappella Paolina in Vaticano, di Raffaello per il *Mosè davanti al roveto ardente* nella volta della Stanza di Eliodoro al Vaticano, e di un Anonimo michelangiolesco per una *Venere con Cupido* da un originale disperso dello stesso Michelangelo, sono certamente gli esempi più celebri e preziosi: con altri fogli della stessa raccolta, tra i quali un raro disegno di Sofonisba Anguissola con un *Fanciullo morso da un gambero*, appartenevano originariamente alla ricca collezione d'arte e di antichità che Fulvio Orsini, nota figura di erudito e bibliofilo al servizio di Ranuccio e poi di Alessandro Farnese a Roma, aveva lasciato in dono nel gennaio del 1600 al Cardinale Odoardo Farnese. Sempre del fondo farnesiano meritano inoltre d'essere segnalati, insieme ad un altro 'cartone' raffigurante la *Madonna del Divino Amore* da Raffaello, già assegnato a quest'ultimo ma poi spostato a Giulio Romano e più di recente a Giovan Francesco Penni, alcuni importanti disegni, purtroppo pervenuti in pessime condizioni per antiche manomissioni e prolungate esposizioni alla luce, soprattutto di scuola parmense (notevoli quelli di Parmigianino, di Mazzola Bedoli e del Bertoja), bolognese (Annibale Carracci) o romana (Taddeo e Federico Zuccari): una significativa selezione di maestri presenti anche nella raccolta di dipinti, a conferma di un orientamento di gusto sostanzialmente omogeneo e prevalentemente indirizzato verso soluzioni stilistiche di area emiliana, tra Maniera e Classicismo.

L'originario fondo farnesiano, che, come per i dipinti, nel 1799 era stato parzialmente saccheggiato dai francesi e temporaneamente trasferito a Roma (anche i due 'cartoni' di Michelangelo e Raffaello imballati e non spediti), tra Sette e Ottocento, dopo il trasferimento da Capodimonte al Real Museo Borbonico, venne integrato, mediante acquisti operati per volontà di Ferdinando I, con ben altri 1024 fogli di autori emiliani (da Agostino Carracci al Guercino), fiorentini (Andrea del Sarto e Pontormo), genovesi (Cambiaso), veneti (Tintoretto e Palma il Giovane), francesi (Callot). Di questo nucleo 'borbonico' il gruppo di disegni più significativo, per consistenza ma anche per relazioni con le vicende della pittura a Napoli nel primo Seicento, è quello costituito dai 138 fogli di Giovanni Lanfranco (non tutti autografi), che consentono di documentare con ampiezza la genesi creativa dei cicli di affreschi dipinti da quest'ultimo tra il 1635 ed il 1646 per varie chiese napoletane (dal Gesù Nuovo a San Martino, dai Santi Apostoli al Tesoro di San Gennaro).

Con la raccolta di Stefano Borgia, acquisita al Museo Borbonico nel 1817, entrarono nella sezione grafica anche 86 rarissime 'pitture' (acquerelli e disegni a tecnica mista) prodotte in India. Più rilevante era stato tuttavia nel 1783 l'acquisto da parte del sovrano della celebre collezione di stampe e disegni di proprietà del Conte Carlo Firmian, trentino, già ministro plenipotenziario dell'Austria a Milano e, dal 1754 al 1758, ambasciatore imperiale a Napoli. Il nucleo, comprendente ben 20.571 incisioni e un centinaio di disegni raccolti in 231 volumi, era stato messo all'incanto, con dipinti, arazzi, medaglie e una preziosa biblioteca, l'anno dopo la scomparsa dell'illustre collezionista, per saldarne i consistenti debiti contratti in vita. Destinato alla Real Biblioteca privata di Ferdinando di Borbone, nel 1860, era entrato a far parte dei beni di Casa Savoia e dal 1864 definitivamente assegnato al Museo Nazionale di Napoli come dono di Vittorio Emanuele II. La raccolta di stampe, suddivisa tra 277 volumi, comprende celebri incisioni di scuola nordica (da Dürer, presente con le note illustrazioni dell'*Apocalisse*, della *Grande Passione*, della *Vita della Vergine* e della *Piccola Passione* o con *La grande Fortuna*, la *Melencolia I*, *Il Cavaliere, la Morte e il Diavolo*, il *Ritratto dell'imperatore Massimiliano I*, ai 'piccoli maestri di Norimberga', con immagini di Altdorfer, Aldegrever, i

Fra' Bartolomeo
Figura avanzante il profilo a destra
in atto di leggere
1499
matita nera, biacca su carta bianca
acquerellata;
mm 290x182

prov.: collezione Firmian
inv. 1028
È lo studio preparatorio per il profeta
Elia nell'affresco con il *Giudizio*
Universale eseguito nel 1499 per
l'Ospedale di Santa Maria Nuova di
Firenze (oggi al Museo di San Marco).

194 fratelli Beham e Hans Baldung Grien; o ad alcuni grandi olandesi, come Luca di Leyda e Rembrandt) e notevoli esempi di tecnica incisoria, sia d'invenzione che di riproduzione (da Michelangelo a Raffaello, da Tiziano a Rubens). Notevole risalto merita poi, per rarità e qualità delle immagini, la serie di 50 incisioni a bulino, di un ignoto maestro ferrarese del 1465, con la raffigurazione dei tarocchi erroneamente indicati come 'tarocchi del Mantegna'. Per il gruppo di disegni meritano invece d'essere segnalati alcuni fogli già attribuiti a nomi prestigiosi, come quelli di Piero di Cosimo, di Fra' Bartolomeo, di Rembrandt, o al Ribera, a Mattia Preti, a Luca Giordano e ad altri maestri di scuola napoletana, veneta e lombarda tra XVI e XVII secolo.

Un altro considerevole nucleo, di cui tuttavia non si è ancora identificata la provenienza (ma non è improbabile che si tratti di un'altra acquisizione borbonica), è quello costituito da numerosi fogli con disegni d'architettura, un tempo raccolti in volume e ora singolarmente montati in *passepartout*: si tratta per lo più di studi e progetti di mano di Ferdinando Sanfelice, il celebre architetto, pittore, scenografo e disegnatore di sontuosi apparati effimeri per feste e cerimonie pubbliche che, formatosi alla scuola del Solimena, fu con Domenico Antonio Vaccaro tra i grandi esponenti del rococò napoletano e per la cui conoscenza lo studio di questi disegni risulta ancora oggi assolutamente indispensabile.

Dal 1957, quando dal Museo Nazionale fu trasferita al Museo di Capodimonte ristrutturato anche la collezione di stampe e disegni, sistemata negli spazi ristretti di due ambienti al piano nobile del nuovo Museo, ulteriori incrementi al fondo sette e ottocentesco si sono avuti esclusivamente grazie ad alcune donazioni di illustri e generosi privati, tra i quali una segnalazione particolare meritano Angelo e Mario Astarita, che nel 1970 donarono l'intera raccolta di ben 419 disegni, acquerelli e olii di Giacinto Gigante, e di altri esponenti della celebre 'Scuola di Posillipo', così costituendo un fondo di documenti pittorici, parzialmente esposti a rotazione, fondamentale per la conoscenza di quest'importante capitolo della pittura di paesaggio a Napoli in età romantica. Così come, sempre per l'Ottocento napoletano, non può non essere segnalato che a Capodimonte è esposta dal 1960 anche una selezione di disegni di pittori e scultori napoletani (di Domenico Morelli e di Vincenzo Gemito in particolare, acquistati presso l'avvocato Gabriele Consolatio nel 1954) appartenenti alle raccolte d'arte del Banco di Napoli.

Al fondo di stampe e disegni vanno poi collegate tre lastre in argento di provenienza farnesiana (appartennero alla raccolta personale del Cardinale Odoardo Farnese), di cui una incisa da Annibale Carracci con il *Sileno ebbro*, l'altra da Francesco Villamena con lo stesso soggetto e la terza da un ignoto copiando la derivazione di Agostino Carracci del *Cristo di Caprarola* di Annibale: le prime due in origine furono utilizzate come oggetti d'arredo (rispettivamente come 'sottocoppa' e 'portapane'), ma tutte servirono anche come matrici per stampe.

Mentre nell'ambito della nuova sistemazione dei dipinti e degli oggetti farnesiani al primo piano del Museo si è dato ampio spazio, in due sale d'angolo, anche alla presentazione di alcuni tra i più celebri disegni di Casa Farnese (in particolare i tre 'cartoni' di Michelangelo, di Raffaello e di scuola michelangiolesca), l'intera sezione del Gabinetto dei Disegni e delle Stampe è stata di recente trasferita negli ambienti dell'ala meridionale del Palazzo collocati al piano terra (dieci sale attrezzate per mostre temporanee) e all'ammezzato (sale di studio, conservazione ed esposizione a rotazione della collezione permanente, oltre a un laboratorio di restauro). Gli ambienti, già adibiti ad uffici e a laboratori, sono stati ristrutturati, a partire dall'88, su progetto di Ezio De Felice e con fondi sia ministeriali che dell'Agenzia per il Mezzogiorno. La nuova collocazione, resa necessaria per fornire soluzioni adeguate alle recenti esigenze di un pubblico di visitatori sempre più interessati ai diversi aspetti della grafica antica, moderna e contemporanea, potrà consentire, con criteri più efficaci di conservazione e presentazione dei materiali originari, anche più agevoli condizioni di studio e valorizzazione dell'intera raccolta.

195

Piero di Cosimo
Testa femminile di profilo
1500-10
seppia e china su carta marroncina;
mm 209x168
prov.: collezione Firmian
inv. 106

196

Raffaello Sanzio
Mosè innanzi al roveto ardente
1514 ca.
carboncino e rialzi di biacca su 23 fogli
di carta. Contorni forati per lo spolvero;
mm 1400x1380
prov.: collezione Farnese
inv. I.G.M.N. 86653
È frammento del cartone preparatorio
utilizzato per il particolare del Mosè

dipinto ad affresco in uno dei quattro
scomparti della volta della Stanza di
Eliodoro in Vaticano, i cui lavori
iniziarono nel 1511 e terminarono nel
1514. Il cartone appartenne dapprima a
Fulvio Orsini, bibliotecario dei Farnese,
il quale legò con testamento del 1600 la
sua importante raccolta d'arte al
cardinale Odoardo.

Andrea del Sarto
Studi di figura genuflessa volta
a sinistra (recto)
1528-30
sanguigna e matita nera; mm 265x205
prov.: collezione borbonica
inv. 1027
È lo studio, perfezionato più volte, della posa della Santa Caterina d'Alessandria nella pala con la *Madonna in gloria e quattro santi* eseguita dall'artista, ma lasciata incompiuta, per la chiesa di San Fedele di Poppi tra il 1528 e il '30 ed oggi a Palazzo Pitti. Nel '40 fu completata da Vincenzo Fornario detto Morgante Bonilli da Poppi.

Michelangelo (attr.)
Venere e Amore
1535 ca.
carboncino; mm 1310 x 1840
prov.: collezione Farnese
inv. 86654
La composizione fu ideata da
Michelangelo in un cartone eseguito nel
1532-34 per il suo amico Bartolomeo
Bettini e numerose ne furono le copie
e le varianti. Il cartone napoletano,

quindi, già attribuito al maestro
nell'inventario della collezione Orsini,
poi donata ad Odoardo Farnese,
venne declassato a copia e poi
assegnato al Bronzino, ad Alessandro
Allori, a Scuola del Pontormo.
D'identico soggetto e formato è
la tavola nel museo napoletano della
stessa provenienza, di recente attribuita
dubitativamente al pittore nordico
Hendrik van der Broecke.

Girolamo Mazzola Bedoli
Uomo seduto con violoncello entro
una nicchia, in alto orchestra d'angeli
1542 ca.
sanguigna e biacca su carta bianca; mm
207x140
prov.: collezione Farnese
inv. 649
Il disegno è databile ad una fase ancora

precoce dell'attività del Bedoli, informata
su raffinate cadenze correggesco-
parmigianinesche. Potrebbe trattarsi
dell'elaborato studio, accurato nella
esecuzione e nella tecnica, per la
decorazione delle portelle d'organo in
San Giovanni Evangelista a Parma, i cui
pagamenti risalgono al 1546.

Parmigianino
Cupido saettante
1527-1530
penna in inchiostro su carta bianca;
mm 182x132
prov.: collezione Farnese
inv. 1037
Una brillante invenzione sul tema di

Cupido che si ritrova più volte nella produzione grafica di Parmigianino, in fogli tutti databili per lo più al periodo bolognese che va dal 1527 al 1530. Per la tecnica impiegata è ritenuto studio preparatorio per incisione o prova per chiaroscuro.

Michelangelo Buonarroti
Gruppo di armigeri
1546 ca.
carboncino su 19 fogli di carta reale
bolognese. Contorni forati per lo
spolvero; mm 2630x1560
prov.: collezione Farnese
inv. IGMN 86687
È frammento del cartone preparatorio
che Michelangelo utilizzò per il
trasporto sul muro del disegno delle tre
figure, a grandezza naturale, viste da
tergo, che compaiono nell'affresco con
La Crocifissione di San Pietro nella
Cappella Paolina in Vaticano.
L'esecuzione dell'opera è da porsi
intorno al 1546 quando Michelangelo,
ormai settuagenario, raggiunge
un'estrema semplificazione di
linguaggio.

Jacopo Zanguidi
detto Il Bertoja
Il sogno di Giacobbe
Studi per composizioni (verso) 1569 ca
carta avorio, penna, seppia; 324x280
prov.: collezione Farnese
inv. 931 (verso)

203

Perin del Vaga (attr.)
La deposizione
1540?
china sanguigna e biacca su carta
acquerellata; mm 356x271
prov.: collezione Firmian
inv. 96

Tintoretto
Studio per la «Battaglia sul Taro»
1578 ca.
olio, tempera, penna nera; mm 242x380
prov.: collezione borbonica
inv. 1031

206

Guido Reni
Studio di figura ammantata
1617-18
matita nera e rialzi di biacca;
mm 426x239
prov.: collezione borbonica, inv. 702
È lo studio preparatorio per la figura
della Vergine addolorata nel dipinto con
la *Crocifissione* eseguita per la chiesa dei
Cappuccini a Bologna, presumibilmente
nel 1617-18 ed oggi conservata nella
pinacoteca di quella città.

Jusepe de Ribera
Testa maschile grottesca
1622 ca.
sanguigna su carta bianca;
mm 225x185
prov.: collezione Firmian
inv. 705
Il segno accurato e definito della
sanguigna e l'ombreggiatura a tratti
paralleli e incrociati sono caratteristiche
comuni alle prime opere dell'artista in
questa stessa tecnica. Lo studio è
preparatorio per l'incisione cui
corrisponde fedelmente. Altri disegni si
apparentano a questo per tema e
tecnica.

Jacques Callot
Studio per progetto da tavola
o progetto di fontana
1615-17
sanguigna su carta bianca, filigrana;
mm 401x282
prov.: collezione borbonica
inv. 1002

208

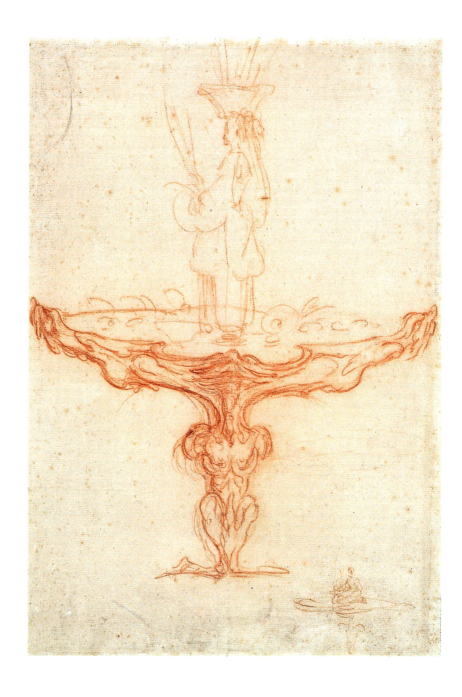

Aniello Falcone
Testa di guerriero e studio di elmo
1640 ca.
sanguigna su carta bianca;
mm 480x255
prov.: collezione borbonica
inv. 125

Tra i vertici della produzione grafica del
Falcone per l'estrema raffinatezza del
segno pittorico, memore di suggestioni,
della produzione romana di Sacchi e
Poussin. Lo stile resterà tipico a partire
da questi anni (1640 circa) del disegno
del maestro.

Massimo Stanzione
Suonatore di tromba
1640 ca.
carboncino su carta verdina;
mm 308x245
prov.: collezione borbonica
inv. 1054

210

Rembrandt Harmenszoon van Rijn
Giuditta decapita Oloferne
1650-55
penna e bistro, carta avana;
mm 182x150
prov.: collezione Firmian
inv. 1004

È da considerarsi uno dei risultati più
felici della produzione grafica
dell'artista intorno agli anni 1650-1655.
Si accompagna nella collezione ad un
altro foglio con *Giuseppe che spiega i
sogni al Faraone*, oggi ritenuto di
bottega.

Bernardo Cavallino
Studio di nudo virile
1635-40
sanguigna su carta avorio;
mm 209x211
prov.: collezione Firmian
inv. 139

Mattia Preti
*Studi per la cupola di San Biagio
a Modena*
1653-56
carboncino, sanguigna, acquerello
rosso e grigio su carta avorio;
mm 410x276
prov.: collezione borbonica
inv. 140

212

Luca Giordano
Il sacrificio di Manoah
1656-60
penna, tracce di sanguigna su carta
bianca; mm 241x321
prov.: collezione borbonica
inv. 985

Gaspar van Wittel
Veduta del monastero
di Grottaminarda
1700 ca.
matita, penna, inchiostro e acquerello
su carta bianca; mm 285x423
prov.: collezione Astarita
inv. 1753

Francesco Solimena
Studio per volto di giovane
1728
sanguigna su carta bianca;
mm 178x180
prov.: collezione Firmian
inv. 1635

È lo studio per il volto del giovane paggio che compare sulla sinistra del dipinto con il *Conte Althann presenta l'inventario della pinacoteca imperiale all'imperatore Carlo VI d'Asburgo*, eseguito dal Solimena nel 1728 e conservato a Vienna, nel Kunsthistorisches Museum.

215

Giacinto Gigante
Santa Maria Donnaregina
firmato e datato 1865
matita, penna in china, acquerello;
mm 422x331. Quadrettato
prov.: collezione Astarita
inv. 5209

L'acquerello appartiene ad una serie di
fogli ripresi dal convento di Santa Maria
Donnaregina a Napoli, forse su incarico
della badessa. È il momento ultimo
della produzione di Gigante, forse
quello più intimo e incline a nuove
sensibilità.

Albrecht Dürer
La passeggiata
1496-1498
bulino; mm 195x120
prov.: collezione Firmian
inv. I.G.M.N. 89024
Raffigura l'antico tema della *Vanitas
vanitatum*: la coppia di giovani
amanti passeggia in luogo ameno ma
la morte li spia, non vista, da dietro un
albero. Databile al periodo giovanile
dell'artista, tra il 1496 e il 1498.

Annibale Carracci
Sileno ebbro (La tazza Farnese)
1597-1600
bulino su argento; diametro mm 323
prov.: collezione Farnese
inv. 801
Eseguita per il cardinale Odoardo
Farnese, compariva descritta come una
'sottocoppa' d'argento nell'inventario
del Palazzo del Giardino di Parma del
1708. Numerosi sono i disegni che
documentano lo studio della
composizione, certamente ispirata
all'antico. Secondo il Bellori, anche
Agostino Carracci eseguì un lavoro
analogo, confermato dalla
sopravvivenza di alcuni disegni, per lo
stesso Cardinale Farnese.

218

Le arti decorative

Le collezioni d'arte decorativa del museo di Capodimonte comprendono un numero eccezionale di pezzi riferibili ai più vari settori della produzione artistica: avori, ambre, smalti, oreficerie, bronzetti, cristalli di rocca incisi, medaglie e placchette, pietre dure, curiosità da *Wunderkammer*, armi, arazzi, ceramiche, vetri, argenti, pastori, ceroplastiche, orologi, gioielli, mobili ed altri svariati e raffinati oggetti d'arredo. Il nucleo più antico è costituito dalla raccolta dei Farnese: comprende sculture e oggetti d'arte minore tra le quali spicca il *Cofanetto Farnese*, «unicum» dell'oreficeria cinquecentesca, eseguito in argento dorato e cristallo di rocca, per conservare le rarità bibliografiche del cardinale Alessandro Farnese. Questo nucleo, da cui prende l'avvio la storia stessa del Museo, fu accresciuto dai Borbone, e incrementato, nel corso degli anni, con l'acquisizione di collezioni di notevole interesse: l'acquisto del Museo Borgiano di Velletri, a cura di Ferdinando I, (1817); la donazione di Alfonso d'Avalos, Marchese del Vasto e Principe di Pescara, del 1862 e, in anni più recenti, nel 1958, il dono della preziosa collezione, di circa 1300 pezzi, formata dal commendatore Mario de Ciccio, uno dei più eminenti collezionisti italiani della prima metà di questo secolo, che incrementò notevolmente la sezione d'arte decorativa del museo, solo per citare le più importanti.

Il nucleo di oggetti più consistente è senza dubbio la collezione reale di armi, che conta circa 4000 pezzi, una delle più importanti raccolte del genere: comprende un fondo più antico, composto dall'armeria della famiglia Farnese, della fine del Cinquecento-inizi del Seicento, una ricca raccolta di armi tedesche e dell'Italia settentrionale di raffinata e pregevole fattura, e un nucleo sette-ottocentesco, borbonico, in quanto specificamente collezionato dai re di Napoli, costituito per gran parte dalla produzione della Real Fabbrica di Napoli, fondata da re Carlo nel 1734, dopo la sua ascesa al trono delle Due Sicilie; a queste si aggiungono la serie dei pezzi di manifattura madrilena, portati a Napoli da Carlo di Borbone, nonché fucili e pistole di fabbriche inglesi e il fondo di armi orientali, di collezione Borgia.

Ricchissima è la raccolta di ceramiche, composta di oltre 4000 pezzi tra maioliche, porcellane e terraglie. La sezione delle maioliche, in prevalenza di collezione De Ciccio, comprende maioliche ispano-arabe dei secoli XV-XVI, del-

le fabbriche di Manises (Valenza), persiane e siriane dei secoli XIII e XIV; italiane, dal secolo XVI al XVIII, delle manifatture di Faenza, Firenze, Venezia, Siena, Urbino, Casteldurante, Deruta, Gubbio, Cafaggiolo, Orvieto, Napoli, Savona, Mantova, Milano, Bologna e Castelli.

Il nucleo delle porcellane conta pezzi della fabbrica di Capodimonte, celebre manifattura di «porcellana tenera» fondata da Carlo di Borbone e attiva dal 1743 al 1759, di cui si conservano, oltre al *Gabinetto di porcellana*, realizzato per il Palazzo Reale di Portici, poi smontato e trasferito a Capodimonte nel 1864, statuette, gruppi e servizi di altissimo pregio. Accanto al fondo di porcellane di epoca carolina, il museo vanta una cospicua raccolta di porcellane e biscuits della Real Fabbrica di Napoli, manifattura che Ferdinando IV fondò nel 1771, dopo il trasferimento in Spagna della Fabbrica di Capodimonte; di porcellane francesi, dei primi decenni dell'Ottocento, decorate a Napoli con vignette dei costumi del Regno, vedute napoletane e altri motivi di gusto neoclassico; di porcellane Ginori di Doccia, Vinovo, Venezia e di altre manifatture italiane.

Varie sono le fabbriche straniere rappresentate e sono le più affermate e rinomate sulla scena del Settecento europeo: non solo Meissen, ma anche Sèvres, Wedgwood, Berlino, Vienna, Ludwigsburg, Frankenthal (epoca Carlo Teodoro, 1762-1798), Höchst, Zurigo, Derby-Chelsea (Inghilterra); completa la sezione una discreta raccolta di porcellane dell'Estremo Oriente delle Manifatture cinesi di Kangxi (1662-1722) e di Qianlong (1736-1795), della Compagnia delle Indie, e porcellane giapponesi del secolo XVIII.

Il nucleo delle terraglie conta significativi pezzi dell'Ottocento delle manifatture di Giustiniani e Del Vecchio, cui si aggiungono eleganti esemplari della palermitana fabbrica di Malvica.

La collezione tessile del museo comprende un grosso numero di arazzi ed un esiguo fondo di ricami, pizzi, merletti e stoffe. Tra gli arazzi più antichi, spiccano gli arazzi con gli episodi della *Battaglia di Pavia*, capolavori di manifattura fiamminga del Cinquecento, di donazione d'Avalos, e si contano anche pregevoli esemplari, dello stesso secolo, di manifattura fiorentina.

Il museo conserva, inoltre, un prezioso esemplare della serie dei dodici arazzi con *Storie di Don Chisciotte* della manifattura francese dei Gobelins, donata, nel 1745, da Luigi XV, al principe di Campoforito e da questi ceduta a Carlo di Borbone per decorare la reggia di Caserta e innumerevoli esemplari, prodotti dalla Real Fabbrica degli arazzi che Carlo di Borbone istituì, a Napoli, nel 1737, e che Ferdinando IV proseguì, per rispondere soprattutto all'esigenza di decorare ed arredare i grandi spazi parietali dei vari siti reali.

Degne di nota sono la preziosa raccolta di avori e smalti gotici, provenienti per la maggior parte dal Museo Borgiano di Velletri, e una discreta collezione di oggetti realizzati con materiali rari e preziosi come ambra, corno di cervo, corno di rinoceronte, noci di cocco, montati in metallo, uova di struzzo, pietre dure, cristalli di rocca incisi, frutto prevalentemente del grande collezionismo di casa Farnese che formano un interessante nucleo di oggetti di curiosità degni delle più famose «camere delle meraviglie» del Cinquecento e Seicento. Di grande rilievo sono le raccolte di bronzetti rinascimentali e manieristi, con opere di artisti famosi, tra cui spiccano i nomi di Giambologna, Guglielmo della Porta, Francesco di Giorgio Martini ed altri; la collezione di medaglie e placchette rinascimentali, nonché una cospicua raccolta d'arte islamica, tra cui il raro *Globo Celeste*, del 1225, e i due astrolabi planisferici, opere di estrema rarità, assegnabili alla fine del XIII-inizi del XIV secolo.

Va riconosciuto al collezionista Mario De Ciccio il merito di aver acquistato la preziosa raccolta di vetri che oggi è a Capodimonte: vetri, spesso, di alta qualità e rarità, per la maggior parte di produzione veneziana, o di quel gruppo non sempre chiaramente definibile che va sotto il nome di «façon de Venise». Quanto all'epoca, si passa dalla fine del Quattrocento al Cinquecento, dal Seicento alla fine del Settecento. Tutte le tecniche in uso a Murano in quei periodi sono qui rappresentate: dal cosiddetto «cristallino», alla decorazione dipinta a smalto, al candido «lattimo», al «calcedonio», alla filigrana o reticello, al vetro «a penne», al vetro a ghiaccio.

Il nucleo dei mobili e degli oggetti d'arredo dell'Appartamento Storico si datano a partire dalla seconda metà del Settecento alla fine dell'Ottocento. Se mancano arredi d'epoca carolina, si conservano, invece, preziosi capolavori dell'ebanisteria dell'epoca di Ferdinando IV e Maria Carolina, provenienti da siti reali tra cui la Villa Favorita di Resina e il Real Sito di Carditello. Completano il quadro preziosi mobili del periodo murattiano, giunti direttamente dalle residenze napoleoniche, e alcuni curiosi arredi napoletani, impreziositi con materiali vari, tra cui lava del Vesuvio, porcellana, pietre dure, bronzi, databili al periodo della Restaurazione Borbonica, che si pongono tra gli esiti più originali dell'arte napoletana dell'Ottocento.

Parigi
Trittico con Madonna con Bambino,
Incoronazione della Vergine e altre
scene.
1290 ca.
avorio; h. cm 19; base cm 14
prov.: acquisto Cardinale Ruffo, 1845
inv.: 10108 A.M.

Arte Indiana (?)
Ventaglio
secolo XVII
avorio; h. cm 54; diam. 26
prov.: collezione Farnese
inv.: 10398 A.M.

Valle del Reno
Adorazione dei Magi
fine del secolo XIII
Smalto champlevé su rame;
h. cm 14; base cm 10
prov.: collezione Borgia
inv.: 10417 A.M.

Limoges
Riccio di pastorale
quarto decennio del secolo XIII
Rame fuso, sbalzato, inciso, dorato e
smaltato a champlevé; h. cm 34,4;
diam. riccio 12,2
prov.: collezione Borgia
inv.: 10420 A.M.

Splendido esempio dell'arte orafa di
Limoges che fin dal settimo decennio
del XII secolo era diventato il maggiore
centro occidentale di produzione di
oggetti d'arredo sacro realizzati in rame
smaltato. Nel riccio, è raffigurato San
Michele Arcangelo che uccide il drago,
che si ritrova anche in altri esemplari di
musei italiani e stranieri.

Nicolò Lionello
Pace
1440-1450ca.
Argento dorato e smalto;
h. cm 21,5x14,5
prov.: collezione Borgia
inv.: 10418 A.M.

Francia
Cartagloria
prima metà del secolo XVI
Tela ricamata e smalti;
h. cm 40; larg. cm 105
prov.: collezione Borgia
inv.: 10322 A.M.
Proviene dal Monastero di Fontevrault

ed entrò nella raccolta Borgia dopo il 1799. È composta da tre pannelli di seta bianca ricamata con fili d'oro e di seta. Nel riquadro centrale sono cuciti tre smalti con la *Natività di Cristo*, la *Crocifissione*, e il *Noli me tangere*, presumibilmente aggiunti sulla cartagloria in un secondo tempo.

Nottingham o York
Polittico con la Corcifissione e sei scene della Passione di Cristo
(particolare nella foto)
metà del secolo XV
alabastro, vetri «eglomisés»; h. cm 162; larg. cm 360
prov.: Napoli, Sagrestia della Chiesa di San Giovanni a Carbonara, 1809
inv; 10816 A.M.
I sette altorilievi in alabastro raffigurano al centro: *la Crocifissione*; a sin.: *il Bacio di Giuda, l'Arresto di Gesù, l'Andata al Calvario*; a destra: *la Discesa dalla Croce, la Deposizione, la Resurrezione*.
Non è l'unico esempio di questa singolare esperienza artistica giunto in Italia, ma si distingue per la qualità del lavoro, la complessità della scena e lo stato di conservazione: serba infatti, ampie tracce della policromia antica, dell'incorniciatura a pinnacoli traforati, e vaste zone superstiti dei vetri eglomisés che impreziosivano l'opera.

Antonio Carracci
Madonna col Bambino
e San Francesco
Annunciazione
alabastro dipinto; h. cm 22; larg. cm 18
prov.: Collezione Farnese
inv.: 930 Q

230

Siria o Egitto

Globo Celeste

datato 1225

Bronzo fuso incrostato in argento e rame; diam. 22,1

prov.: collezione Borgia

inv.: 112091

Questo oggetto, uno dei più antichi globi celesti datati, fu commissionato per il sultano Ayyubide Al-Kamil (1218-1237), nel 1225. Il globo è formato da due emisferi sui quali sono incisi i disegni delle quarantotto costellazioni visibili nella volta celeste, secondo i canoni già stabiliti da Tolomeo. I nomi delle stelle più importanti sono scritti per esteso, mentre tutte le altre sono identificate dal numero corrispondente del trattato delle stelle fisse di Al-Sufi.

Di globi celesti datati al XIII secolo esistono due esemplari conservati rispettivamente al British Museum e al Louvre.

Manifattura Milanese
Gioco di rotella e caschetto all'eroica
di Alessandro Farnese
1560 ca.
Ferro smaltato, brunito, ageminato e
dorato; h. cm 29, largh. cm 32, prof. 13
prov.: collezione Farnese
invv. 3737, 3738 O.A.
Presumibilmente risalenti all'epoca
delle nozze di Alessandro Farnese con
Maria di Portogallo (1565), sono
istoriati con temi tratti dalla storia
romana: sulla rotella, l'episodio di
Orazio Coclite che difende il ponte sul
Tevere, sul caschetto la raffigurazione di
Marco Curzio e la giustizia di Traiano.
I due oggetti, fra i più bei lavori usciti
dalle famose fabbriche milanesi della
metà del '500, rientrano decisamente
nel gruppo di quattro giochi di
borgognotta e rotella attribuiti al
«maestro del 1563» così dedotto per la
data apposta su una rotella marcata
«BPF», già in collezione Rotschild.

Spagna, secolo XV
Coppia di astrolabi
1476 ca.
Ottone; diam. 17,9x18,1
prov.: collezione Borgia
inv.: 112098 e 112099 A.M.

Real Fabbrica degli acciai
Daga da caccia
fine secolo XVIII
Lama in acciaio liscio, impugnatura, elsa e fodero con finimenti e medaglioni in acciaio brillantato, fodero in sagrino bianco; h. cm 70
prov.: Collezioni Reali Borboniche

inv.: 2837 OA
È uno dei rari lavori fino ad oggi identificati della Real Fabbrica degli Acciai, manifattura fondata attorno al 1782, con artefici appositamente venuti da Vienna. Essa faceva parte della Real Fabbrica della Porcellana ed era diretta, come quella, da Domenico Venuti.

Pisanello
Medaglia di Lionello d'Este, 1444
Bronzo fuso; cm 101
prov.: collezione Farnese, inv.: 67522
Raffigura sul diritto il busto di Lionello d'Este e sul rovescio un leone fermato da un amorino che tiene una carta musicale; nel fondo uno scoglio e un arbusto sul quale posa una colomba. Eseguita nel 1444 a Ferrara per le nozze di Lionello con Maria d'Aragona.

**Manno di Bastiano Sbarri
e Giovanni Desiderio Bernardi**
Cofanetto Farnese
1548-1561
Argento dorato, cristalli di rocca,
smalto, lapislazzuli; h. cm 49
prov.: collezione Farnese
inv.: 10507 A.M.
Capolavoro dell'oreficeria manierista,

creato per il cardinale Alessandro
Farnese, il cofanetto, destinato a
custodire manoscritti e libri pregiati, è
decorato da rilievi sbalzati su ogni
faccia, sia interna che esterna e sul
fondo. Quattro figure di divinità sono
collocate sugli angoli e in alto, nel
mezzo della copertura è l'immagine di
Ercole. I sei ovali in cristallo di rocca,

disposti a due a due sui lati lunghi e
uno per ciascuno a quelli brevi,
raffigurano la Battaglia delle Amazzoni
e la Battaglia dei Centauri, nel davanti,
una Battaglia navale, sulla sinistra, la
Caccia al cinghiale calidonio e il
Trionfo di Bacco, nel retro, infine, la
Corsa delle quadriglie nel circo, a
destra.

Giovanni Desiderio Bernardi
Augusto e la Sibilla?
1535ca.
Cristallo di rocca; h. cm 10,6;
larg. cm 85
prov.: collezione Farnese
inv.: 10289 A.M.

Jacob Miller il Vecchio
Diana cacciatrice sul cervo
Trofeo da tavola
Argento dorato; h. cm 31,5
prov.: collezione Farnese
inv.: 10508 A.M.
Questo curioso oggetto è un prezioso
trofeo da tavola, munito di un
meccanismo racchiuso nella base
ottagonale che lo rende semovente. La
testa del cervo, smontabile, funge da

coperchio e da coppa. Reca la sigla I.M.
che riconduce all'orafo di Augusta Jacob
Miller il vecchio, ma di questo oggetto,
che ebbe una notevole diffusione presso
i raffinati centri europei di cultura
tardo-manieristica, si conoscono
molteplici esemplari eseguiti per mano
di diversi artisti, tutti operanti nel noto
centro tedesco fra gli ultimi decenni del
secolo XVI e i primi del successivo.

Guido Mazzoni
Busto di Alfonso Duca di Calabria
1492-1493ca.
h. cm 42
prov.: Napoli, chiesa di Santa Maria
di Monteoliveto
inv.: 10527 A.M.
A lungo ritenuto un ritratto di Alfonso I,
il busto bronzeo è ora concordemente
identificato come un ritratto
di Alfonso II.
L'attribuzione a Mazzoni è
generalmente accettata. L'opera è
eseguita con lo stile altamente realistico
e raffinato che Mazzoni usava nella
terracotta e che, applicato al bronzo,
acquista un carattere anticheggiante
che ricorda i busti romani.

Guglielmo della Porta
Paolo III Farnese
1546
marmo; h. cm 95
prov.: collezione Farnese
inv.: 10514 A.M.
Il busto è concordamente identificato con la scultura del papa che della Porta eseguiva, nel 1546, per una sala del palazzo Farnese a Roma. Lo scultore si è servito di due qualità di marmi per la realizzazione del ricco piviale.
Ai margini del manto, si riconoscono le allegorie della *Abbondanza*, della *Pace* e della *Vittoria*. Il panneggio è fermato da un raro gioiello, traduzione di raffinata oreficeria cinquecentesca.

Francesco di Giorgio Martini
Davide
1475-1485ca.
Bronzo; h. cm 33
prov.: collezione Farnese
inv.: 10534 A.M.
Il bronzo è sorprendente per la sua
iconografia inusuale che fonde la
tradizione medioevale che vuole il David
come un profeta barbuto ed in età
avanzata con quella rinascimentale che
invece lo vuole come il giovane ed
eroico vincitore di Golia,
(un'innovazione introdotta per la prima
volta in scultura da Donatello).
L'attribuzione a Francesco di Giorgio
Martini è generalmente accettata.

Alla pagina seguente:
Giambologna
Mercurio
Bronzo; h. cm 58,4
prov.: collezione Farnese
inv.: 10784 A.M.
Il bronzo è citato in una lettera del 13
giugno 1579, inviata dal Giambologna
ad Ottavio Farnese, Granduca di Parma,
in cui lo scultore si richiama alla
spedizione già avvenuta di questa opera.
Finora non esistono elementi per
precisarne maggiormente la datazione.
L'opera rappresenta una edizione
diminuita e con varianti del grande
bronzo del Museo Nazionale di Firenze,
fuso nel 1564.

Giambologna
Ercole e il cinghiale di Erimanto
Bronzo h. cm 44
prov.: collezione Farnese
inv.: 10785 A.M.
Rappresenta la quarta fatica di Ercole e
riproduce uno dei sei soggetti in argento
della tribuna degli Uffizi. Il modello di
cera per le fusioni fu forse preparato da
Antonio Susini, nel 1587. Con una
versione in argento dell'*Ercole che
sostiene i cieli*, fu fuso da Iacopo Bylvelt.

242

Guglielmo della Porta
Ercole fanciullo che strozza i serpenti
ante 1575
bronzo; h. cm 96
prov.: collezione Farnese
inv.: 10520 A.M.
Proveniente dal Palazzo Farnese di
Roma, fa parte di un gruppo di opere
vendute nel 1575 dallo stesso della Porta
al Duca di Parma, Ottavio Farnese. Gli
antichi inventari ne ricordano due
esemplari simili.

Giambologna
Ratto di una sabina
1579
Bronzo; h. cm 98,1
prov.: collezione Farnese
inv.: 10524 AM
Questo gruppo bronzeo, eseguito dal
Giambologna per il Granduca di Parma,
nel giugno del 1579, costituisce il
prototipo compositivo del grande gruppo
marmoreo esposto, nel 1583, sotto la
fiorentina Loggia dei Lanzi.

244

Manifattura Fiamminga, secolo XVI
Cattura di Francesco I
1530 ca.
Lana, seta, oro; h. cm 435, larg. cm 880
prov.: Donazione d'Avalos 1862
inv.: 144489
Fa parte di una serie di sette arazzi che illustrano gli episodi principali della famosa Battaglia di Pavia (1525), durante la quale l'esercito di Carlo V, al comando di Don Ferrante d'Avalos, marchese di Pescara, vinse e fece prigioniero Francesco I. Furono tessuti dalle manifatture di Bruxelles, subito dopo gli avvenimenti, su cartoni di Bernard Van Orley (oggi al Louvre) e furono donati a Carlo V nel 1531, dai mercanti di Bruxelles. Per vari anni ornarono il Palazzo imperiale di Bruxelles. Si ignora come venissero in possesso dei d'Avalos, ma è chiaro che essi dovettero appartenere ai discendenti del marchese di Pescara, mente direttrice della battaglia.

246

Firenze, Opificio delle Pietre Dure
Cassetta
II metà del XVII secolo
Bassorilievo in pietre dure, ebano, rame
dorato; h cm 19, larg. cm 42
prov.: collezione Farnese
inv.: 10185

**Real Fabbrica degli arazzi di Napoli
Pietro Duranti**
*Don Chisciotte fa chiedere alla
duchessa il permesso di vederla*
1771ca.
Lana, seta; h. cm 378x337
prov.: Collezione Reali Borboniche
inv.: 7255 O.A.
Fa parte della serie di arazzi con *Storie di*

Don Chisciotte, tessuti da Pietro Duranti a
completamento dei dodici arazzi con lo
stesso tema eseguiti nell'atelier Jans e
Lefebvre della Manifattura di Gobelins tra
il 1730 e il 1733, serie donata da Luigi XV
al Duca di Campofiorito, ambasciatore di
Spagna a Parigi, e da questi ceduta a
Carlo di Borbone per decorare la Reggia
di Caserta.

Urbino, bottega di Orazio Fontana
Rinfrescatoio
1560-1570
Maiolica invetriata; h. cm 32 diam. 53
prov.: donazione M. De Ciccio, 1958
inv.: 240
Fu commissionato dal Duca Guidobaldo
II della Rovere alla bottega di Orazio
Fontana, tra il 1560 e il 1570 circa. È
completamente coperto da una
decorazione a grottesche, che ebbe
grande fortuna e diffusione nel '500.
L'interno del rinfrescatoio ha il campo
interamente occupato da una scena di
soggetto romano, tratta probabilmente
da un'incisione.

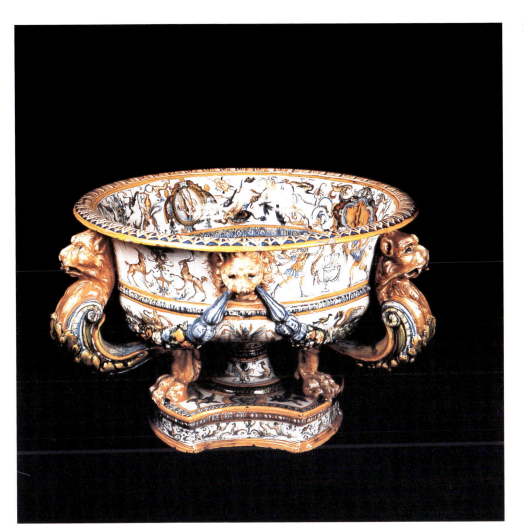

252

Meissen
Dama con cagnolino
metà secolo XVIII
Porcellana policroma; h. cm 28
prov.: donazione M. De Ciccio, 1958
inv.: 263

Real Fabbrica di Capodimonte
Specchiera
1750-1755
Porcellana dipinta e dorata; h. cm 125;
b. cm 71
prov.: Collezioni Reali Borboniche
inv.: 6233 O.A.

Real Fabbrica di Capodimonte
Gabinetto di porcellana del Palazzo di Portici 1757-1759
Porcellana dipinta e dorata, stucco;
cm 6,75x4,80x5,13
prov.: Palazzo Reale di Portici;
Collezioni Reali Borboniche
inv.: 1382 O.A.
Realizzato probabilmente come salottino privato della regina Maria Amalia, rappresenta la più alta espressione artistica della Real Fabbrica di Capodimonte. La direzione dell'opera, progettata dallo scenografo Giovan Battista Natali, spetta a Giuseppe Gricci a cui si affiancarono Sigmund Fischer e Luigi Restile per la decorazione pittorica. Si compone di lastre di porcellana, fissate con viti ad un supporto ligneo e decorate con festoni, trofei musicali, cartigli e scene figurate «a chinoiseries», ispirate ai modelli francesi di Watteau e Boucher.

Real Fabbrica di Capodimonte
Vaso biansato
1745-1750
Porcellana dipinta e dorata; h. cm 23
prov. donazione M. De Ciccio, 1958
inv.: 320

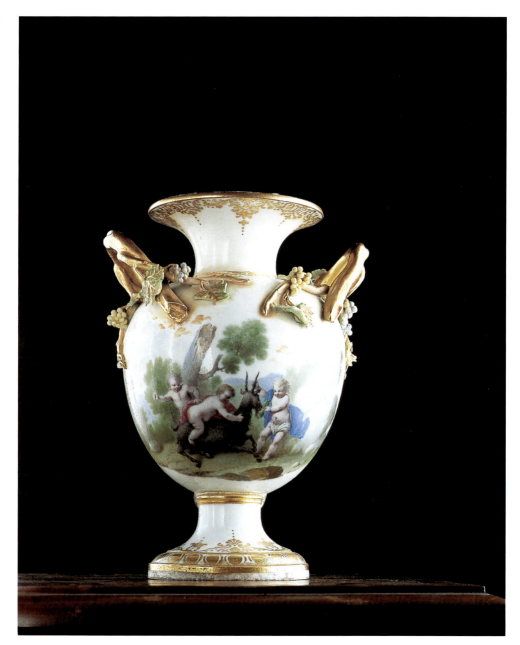

Real Fabbrica di Capodimonte
Bacile a conchiglia
1745ca.
Porcellana bianca; h. cm 13; b. 33
prov.: Collezioni Reali Borboniche
inv.: 6232 O.A.

Real Fabbrica di Capodimonte
Giuseppe Gricci
Immacolata Concezione
1744-1745 ca.
Porcellana bianca
Marca: giglio azzurro; h. cm 35
prov.: Acquisto Alfonso Jodice, 1972
inv.: 7817 O.A.
Una «Concezione» è documentata tra le
opere eseguite da Giuseppe Gricci,
capomodellatore della Real Fabbrica,

tra il dicembre del 1744 e l'agosto del
1745. Le piccole ma numerose
imperfezioni che si evidenziano
nell'impasto ceramico sono tipiche della
produzione dei primissimi anni, dovuti a
procedimenti tecnici non ancora
perfezionati. Il modello iconografico
sembra derivare dalle opere plastiche in
argento di manifattura napoletana tra
Sei e Settecento.

Real Fabbrica di Capodimonte
Giuseppe Gricci
Crocifisso
1745ca.
Porcellana bianca; h. cm 89
Marca: giglio azzurro
prov.: Collezioni Reali Borboniche
inv.: 5233 O.A
Fa parte di un corredo d'altare,
comprendente anche sei candelieri,
realizzato per la Cappella privata
del Palazzo Reale di Portici.

Real Fabbrica di Capodimonte
Il Venditore di taralli
1750-1752
Porcellana dipinta e dorata; h. cm 17
prov.: donazione M. De Ciccio, 1958
inv.: 330

Real Fabbrica di Capodimonte
La Scuola di ricamo
1750 ca.
Porcellana dipinta e dorata; h. cm 14,2
prov. donazione M. De Ciccio, 1958
inv.: 377

Real Fabbrica della porcellana
di Napoli
*Déjeuner (tazze, piattino,
zuccheriera, lattiera, caffettiera,
vassoio)*
Vassoio; cm 32x34
Porcellana dipinta, dorata e dorata a
rilievo
prov.: donazione M. De Ciccio, 1958
inv.: 497

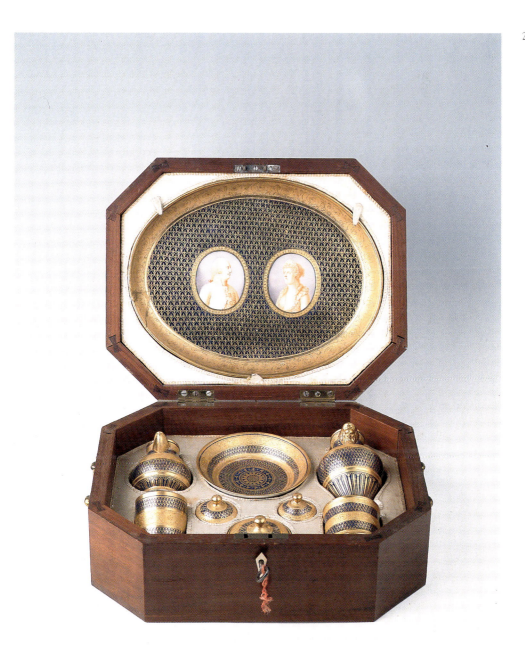

Real Fabbrica della porcellana di Napoli (1771-1806)
Déjeuner con scene «Etrusche»
Porcellana dipinta e dorata
Vassoio; cm 32,5
prov.: Collezioni Reali Borboniche
inv.: 5065 OA

Real Fabbrica della porcellana di Napoli
Servizio dell'oca o delle vedute napoletane
Zuppiera ovale
1793-1795
Porcellana policroma e dorata
Marca: N coronata in blu; h. cm 39,5
prov.: Collezione Reali Borboniche
inv.: 5594 OA
Cosiddetto dal puttino che strozza

un'oca, in funzione di pomo, che compare sul coperchio di alcune zuppiere, il cui modello è tratto da una scultura d'età ellenistica, conservata ai Musei Capitolini, è questo il servizio da tavola, realizzato per la famiglia reale. Comprende oltre trecento pezzi di vasellame, decorati con le vedute dei Siti Reali e dei luoghi più pittoreschi del Regno di Napoli, tratte dalle coeve stampe di artisti napoletani e stranieri.

Alla pagina precedente:
Real Fabbrica della porcellana di Napoli
Filippo Tagliolini
Trionfo di Bacco e Sileno
Biscuit; h. cm 61
prov.: Collezioni Reali Borboniche
inv.: 1065
Realizzato sotto la direzione di Filippo Tagliolini, capomodellatore della Real Fabbrica. L'opera si compone di due parti a sé stanti, il gruppo centrale con Bacco e Sileno, derivante da un prototipo classico esistente nel '700 a Villa Borghese ed il basamento su cui poggiano un fauno danzante, un sacerdote dionisiaco e una baccante con una pantera. Nei gruppi a più figure, l'artista introduce, accanto a modelli di statue antiche, anche figure d'invenzione.

Real Fabbrica della porcellana di Napoli
Filippo Tagliolini
Amore e Psiche
Biscuit; h. cm 5
prov.: Collezioni Reali Borboniche
inv.: 5205 OA

Real Fabbrica della porcellana
di Napoli
Filippo Tagliolini
Busto di Maria Carolina
Biscuit; h. cm 55
prov.: Collezioni Reali Borboniche
inv.: 5338 OA

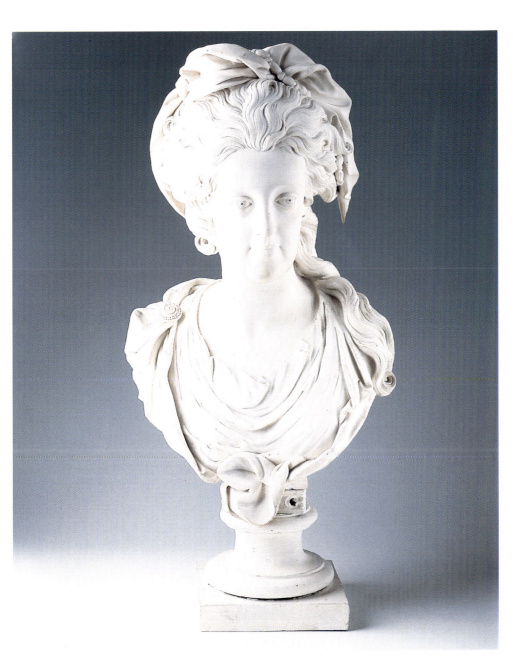

**Real Fabbrica della porcellana
di Napoli**
Filippo Tagliolini
L'Aurora
1806ca.
Biscuit; h. cm 37,5 (Aurora)
prov.: Collezioni Reali Borboniche
inv.: 5116 OA
Per la realizzazione di questo grandioso
gruppo il Tagliolini molto

probabilmente si è ispirato alla più nota
Aurora di Guido Reni a Palazzo
Rospigliosi, dove il carro è guidato dal
Sole-Apollo, figura che qui manca. La
biga, di chiara derivazione classica, è
circondata da dodici fanciulle, le Ore, e
preceduta dall'Aurora affiancata da due
puttini raffiguranti l'uno, con faretra e
arco, l'Amor Felice e l'altro con le mani
serrate e malinconico, l'Amor Infelice.

Real Fabbrica della porcellana
di Napoli
Gruppo Bernesco
seconda metà secolo XVIII
Porcellana policroma; h. cm 21,5
prov.: donazione M. De Ciccio, 1958
inv.: 1347

**Real Fabbrica della porcellana
di Napoli**
Orologio
1796-1806
Porcellana dipinta e dorata, biscuit,
marmi vari e bronzo dorato;
cm 116x67x46,5
prov.: Collezioni Reali Borboniche
inv.: 5113 OA
Fa parte di una serie di quattro orologi,
realizzati per gli appartamenti nel
Palazzo Reale di Napoli del principe
ereditario Francesco, in occasione delle
sue nozze con M. Clementina d'Austria
nel 1797, come sembrerebbero
confermare le iniziali FC sul retro di
questa pendola. La cassa, di probabile
esecuzione romana, è impreziosita di
marmi rari e bronzi dorati, sostenuta da
quattro telamoni e coronata dall'allegoria
della guerra, tra vasi canopi egiziani,
derivati da un famoso modello conservato
fin dal '700 nei Musei Capitolini.

Vienna
Due piatti con vedute di Napoli
e Vienna
1800-1801
Porcellana dipinta e dorata; diam. 21,4
prov.: Collezioni Reali Borboniche
invv. 6888, 7061 O.A.

Murano
Coppa
secolo XV
Vetro con smalti policromi; h. cm 16,5
prov.: donazione M. De Ciccio, 1958
inv.: 709

Sèvres
Vaso con miniatura di Napoleone I
1810ca.
Porcellana dipinta e dorata; h. cm 55
prov.: Collezioni Reali Borboniche
inv.: 6990 O.A.
La miniatura reca la firma Georget.

Murano
Coppa con coperchio
secolo XVI
Vetro «a reticello»; h. cm 23
prov.: donazione M. De Ciccio, 1958
inv.: 620

Spagna
Bicchiere da viaggio
secolo XVII
Vetro; h. cm 10, diam. base 6,5
prov.: donazione M. De Ciccio, 1958
inv.: 642

Murano
Bottiglia
secolo XVIII
Vetro calcedonio; h. cm 30
prov.: donazione Mario De Ciccio, 1958
inv.: 649

Francia
Fiasca da pellegrino
prima metà del secolo XVII
Vetro; h. cm 28,2; diam. base 12
prov.: donazione M. De Ciccio, 1958
inv.: 713

Gio. Francesco Pieri
Il maestro di scuola, siglato G.F.P.
1760
Cere colorate su fondo di lavagna;
h. cm 43,5; larg. cm 34,5
prov.: Collezioni Reali Borboniche
inv.: 7287 OA

Jean Louvet
Due lire armoniche o ghironde
firmate J. Louvet a Paris e datate
rispettivamente 1764 e 1780
Vari tipi di legni, avorio, osso,
madreperla; h. cm 70; larg. cm 30
(ciascuna)
prov.: Collezioni Reali Borboniche
invv. 3772 e 3773 M

Manifattura Napoletana
*Gruppo presepiale raffigurante
Natività con gloria d'Angeli*
Fine secolo XVIII-inizi secolo XIX
Legno, terracotta policroma, vetro,
stoppa, ferro e sughero; h. cm 100
(complessiva)
prov.: dono Emma ed Eugenio Catello
1986
inv. da 8516-8559 O.A.
Particolarmente notevole è il gruppo
della Natività, le cui figure della

Madonna, del San Giuseppe e del
Bambino Gesù sono opera dello scultore
Giuseppe Sammartino. A Salvatore
Franco si deve lo splendido Angelo
modellato a tutto tondo e ad altrettanti
famosi artisti di figure presepiali quali
Lorenzo Mosca, Nicola Ingaldo,
Giuseppe Gori e Michele Trillocco, sono
attribuibili altri angeli, mentre di
Francesco Gallo e dei fratelli Vassallo
sono gli animali.

Vienna
Cofano
1801ca.
Mogano, bronzo dorato, biscuit, vetro
eglomisè; h. cm 16; larg. cm 23; p. 13
prov.: Collezioni Reali Borboniche
inv.: 6819 OA

Joseph Martineau
Orologio
Impiallacciato di radica di noce,
rifiniture in bronzo dorato;
cm 90x58x38
prov.: Collezioni Reali Borboniche
inv.: 2734 M.

Raffaello Rastelli
Orologio da tavolo con motivi egizi
Reca sul retro la firma «Raffaello
Rastelli Roma»
Rosso antico, porfido, serpentino,
basalto, bronzo dorato; h. cm 80; larg.
cm 64,5; p. 33
prov.: Collezioni Reali Borboniche
inv.: 3603 IM.

Artigiani Reali
Portantina
1770ca.
Legno intagliato e scolpito e laccato di
azzurro; cm 158x82x82
prov.: Collezioni Reali Borboniche
inv.: 3375 M.

Artigiani reali
Tavolo parietale
Prima metà del secolo XVIII
Legno intagliato, scolpito, laccato e
dorato; piano impiallacciato di nero e
bianco antico con bordo d'alabastro;
cm 89x130x63
prov.: Collezione Reali Borboniche
inv.: 2680 M.
Fa parte di una coppia di tavoli parietali
da considerare gli esempi più alti del
barocchetto napoletano.

Domenico Vanotti
Tavola da gioco
1796ca.
Impiallacciato e intarsiato di legni
esotici; cm 82x89x60; aperto 88,5
prov.: Collezioni Reali Borboniche
inv.: 2285 M.
È impiallacciato e intarsiato di legni
esotici con i simboli dell'amore e della
musica. Si riscontrano affinità
stilistiche con la produzione di stipettai
lombardi come Giuseppe Maggiolini.

Napoli-Francia
*Poltrona con veduta del Palazzo
dell'Eliseo a Parigi*
primi decenni dell'800
Legno dipinto e dorato, velluto dipinto;
h. cm 102; larg. cm 67; p. 49
prov.: Collezioni Reali Borboniche
inv.: 3476 IM.

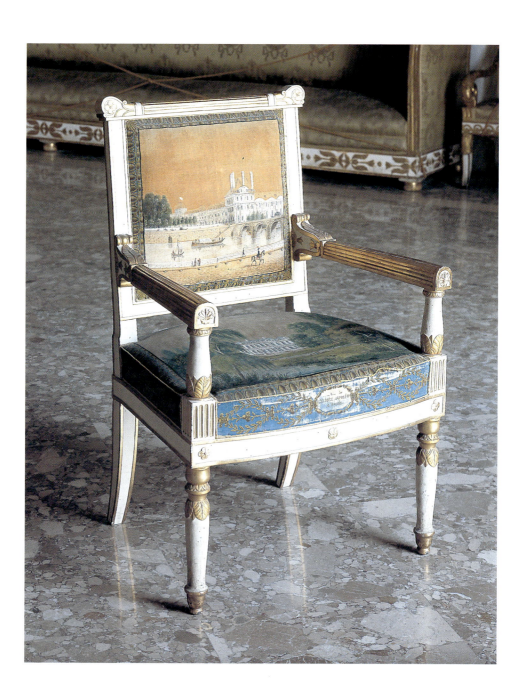

Appartamento Storico
Salottino pompeiano
terzo decennio del secolo XIX

Artigiani Reali (Nicola e Pietro Fiore
e Antonio Pittarelli?)
*Sofà e due poltrone con menadi
danzanti*
fine del secolo XVIII
legno intagliato, dipinto e dorato;
cm 95x175x55; cm 93x64x54
prov.: Collezioni Reali Borboniche

invv. 4790, 4792, 4796 M.
Al centro, il divano e due poltrone che
fanno parte di una serie di quattro sofà e
otto poltrone che ornavano le pareti
della Galleria della Villa Favorita di
Resina. I dorsali di questa «suite», che
potevano essere rimossi; si ornano di
pannelli ovali su cui sono raffigurate
baccanti ispirate a modelli ercolanesi.
Le pitture riflettono il gusto inglese degli
ornamentisti attivi nella cerchia di
Robert Adam.

Martin-Guillaume Biennais
Tavolo da gioco
1802
Mogano, bronzo dorato; h. cm 58;
larg. cm 147
prov.: Collezioni Reali Borboniche
inv.: 1019 IM.
All'interno del cassetto è conservato
ancora il documento originale di
vendita del tavolo al generale
Gioacchino Murat.

Real Laboratorio delle pietre dure
di Napoli
Tavola con scacchiera
primi decenni dell'800
Mosaico di pietre dure su legno
pietrificato, bronzo, dorato, marmo;
h. cm 71; larg. cm 95
prov.: Collezioni Reali Borboniche
inv.: 3290 M.

Appartamento Storico, sala 81

Manifattura Napoletana
Tavolo da centro
primi decenni '800
Vari tipi di marmo, marmo antico,
bronzo dorato, lava; cm 220x134
prov.: Collezioni Reali Borboniche
inv.: 3328 M.
Lungo la cintura medaglioni in lava
con i ritratti dei re di Napoli.

288

Appartamento Storico, sala 80

Manifattura Napoletana
Voliera, fioriera, acquario
1800-1825ca.
Legno di mogano, bronzo dorato,
cristallo; h. cm 250, diam. 200
prov.: Collezioni Reali Borboniche
inv.: 10153 M.
Al centro della sala, un curioso mobile
di manifattura napoletana ornato di
magnifiche rifiniture bronzee che si
presta ad un triplice uso: nella parte
inferiore contiene un vaso per pesci, il
piano è adibito a giardiniera, sulla
quale poggia una gabbia con gli
uccellini. In alto, a tutto tondo, la
rotante figura della fortuna, adattazione
impero di un bronzo rinascimentale di
Denise Cattaneo.

Luigi Righetti
Tripode
1815 ca.
Bronzo dorato e patinato, mosaico,
pietre dure; h. cm 88, diam. 35
prov.: Collezioni Reali Borboniche
inv.: 1785 M.

Manifattura Napoletana, secolo XIX
Giardiniera
1828
Mogano, porcellana e bronzo dorato
h. cm 137, diam. 130
prov.: Collezioni Reali Borboniche
inv.: 3732 M.

Il mobile, ornato con placche e vasi in porcellana miniata con vedute di Napoli, Pompei, i Siti Reali e i costumi del Regno, è una sorta di monumento delle attrazioni turistiche e folcloriche del Regno di Napoli. Un quadretto reca la firma *Giovine* e la data 1828.

Manifattura Napoletana
Tavolino
ante 1829
Legno di mogano, legno intagliato,
scolpito, dipinto e dorato; acquarello su
carta; h. cm 82; piano cm 74x49,5
prov.: Collezioni Reali Borboniche
inv.: 4047 M.

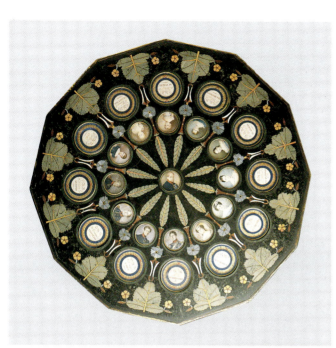

Manifattura Napoletana, secolo XIX
Tavolino
1830-1832
Legno di mogano, bronzo, bronzo
dorato; porcellana dipinta, marmo,
pietre dure: cm 86x66
prov.: Collezioni Reali Borboniche
inv.: 4096 M
Il tavolino presenta un piano molto
complesso in marmo verde siciliano con
tarsie e motivi fitomorfi di marmi in
colori contrastanti. Vi compaiono
venticinque fori nei quali sono inseriti
dischetti ribaltabili con meccanismo che
mette in azione un carillon; quelli del
registro esterno hanno su una faccia
dodici vedute dei siti reali e sull'altra i
nomi dei vari membri della famiglia
reale; il dischetto centrale reca, da un
lato, il giglio borbonico coronato e la
data 1830 e, dall'altro, l'effige di
Francesco I.

La Palazzina dei Principi nel Parco
di Capodimonte.

Il Parco di Capodimonte

Il parco di Capodimonte si estende su un'area di circa 124 ettari, costituendo un comprensorio arboreo di straordinario interesse storico-botanico, con oltre quattrocento varietà censite ed alberi secolari di elci, querce, tigli, castagni, cipressi, pini.

La sua realizzazione, finalizzata in primo luogo all'attività venatoria del re e della corte, fu voluta da Carlo di Borbone nel 1735. Il piano di sistemazione, ultimate le preliminari procedure di acquisti ed espropri da privati, venne elaborato da Ferdinando Sanfelice, che si sforzò di ridurre in disegno unitario la moltitudine di preesistenze. Ne deriva l'impianto complesso, talvolta contraddittorio, ricoperto in gran parte da superficie boschiva, che nell'area iniziale si struttura nelle forme geometriche dei cinque vialoni che dipartono a ventaglio dal vasto spiazzo ellittico, posto all'ingresso; mentre le zone situate ai confini, sottoposte a continue variazioni altimetriche, si caratterizzano per l'intreccio spontaneo e irregolare della vegetazione.

Sparsi nel bosco vi sono una serie di fabbricati, destinati originariamente allo svolgimento della vita di corte, (Casina delle Regina, Palazzina dei Principi), o a sede di fabbriche reali (Edificio della Manifattura della Porcellana); altri erano adibiti a funzioni di culto (Chiesa di San Gennaro, Eremo dei Cappuccini), altri ancora riservati ad attività agricole e zootecniche (Fagianeria, Cellaio, Vaccheria).

Dalla cartografia storica del '700 risultano pertinenti a questi edifici fruttieri, orti e giardini cintati, che si inserivano, sovrapponendosi quasi come corpi estranei, al disegno complessivo. Nel corso degli interventi succedutisi nella prima metà dell'800, che modificano l'impianto del parco esaltandone i valori paesistici, in conformità alle mutate esigenze del gusto, vennero eliminati gran parte di questi terreni agricoli. L'unica testimonianza del carattere produttivo preesistente rimane nel giardino Torre, situato agli estremi limiti del parco, sovrastante le pendici del vallone di San Rocco e confinante con i terreni del convento di Santa Maria ai Monti. Il sito ha mantenuto, sia pur alterato nell'originario disegno dell'impianto, l'antico agrumeto borbonico, oltre il quale si apre, cinto da mura, il giardino segreto, che conservava in origine specie ornamentali rare ed alberi di frutta esotica, come l'ananas le cui 'stufe' sono ricordate nella documentazione di archivio e nelle fonti cartografiche.

Altro episodio significativo del parco è il «giardino inglese» annesso al Casino dei Principi, un'area acquisita al sito di Capodimonte durante il periodo murattiano, quando si realizzò l'unione della Reggia con il bosco, fino ad allora divisi da una via pubblica. Mentre si provvedeva a sistemare con maggiore decoro tutta la spianata che circondava il palazzo e si chiudeva con delle porte l'acceso al sito, la superficie ondulata che si estendeva alle spalle della Palazzina dei Principi (l'antica Casina dei marchesi di Acquaviva riadattata per volere di Francesco I ad alloggio dei figli del re) venne trasformata secondo il gusto paesistico in funzione della veduta del mare e del Vesuvio, intorno agli anni trenta, sotto la direzione del botanico Federico Denhardt, che vi sperimentò culture rare ed esotiche, come l'eucalipto o la thuja.

Dopo l'Unità, Capodimonte fu sede della Casa Reale dei Savoia; vennero apportate delle modifiche soprattutto nell'area adiacente alla Reggia, ove furono piantate, secondo le tendenze 'orientaliste' in voga a fine Ottocento, diverse varietà di palme.

Un ultimo cenno infine sulla statuaria che in passato doveva costituire, come attestano le fonti di archivio e le guide del tempo, una presenza rilevante nel parco, realizzata ad ornamento di fontane, viali, casini. Rimangono superstiti le sculture raffiguranti i dodici mesi, ormai quasi tutte mutile e acefale poste entro nicchie di verde nello spiazzo ellittico dell'ingresso, dono dei padri certosini a Ferdinando IV nel 1762, e l'imponente statua del Gigante o di Ercole, costituita da frammenti antichi provenienti dalle collezioni farnesiane, un tempo situata, con studiata soluzione prospettica, a conclusione del vialone di mezzo.

L'area del parco di Capodimonte
antistante il Museo, sistemata a
giardino paesistico.

La sistemazione tardo-ottocentesca della cosiddetta «veduta»: il terrazzamento che si affaccia sulla città, con alcune varietà di palme.

Bibliografia
del Museo di Capodimonte

300

1824-1857
Real Museo Borbonico, 16 voll., Napoli 1824-1857.
1827
Guida del Real Museo Borbonico, Napoli 1827.
1866
Salazar, D., *Sul riordinamento della Pinacoteca del Museo Nazionale*, Napoli 1866.
1873
Fiorelli, G., *Del Museo Nazionale di Napoli*, Napoli 1873.
1874
Monaco, D., *Guida generale del Museo Nazionale di Napoli*, Napoli 1874.
1876
Alberti, A., *Guida illustrativa del Real Museo di Capodimonte*, Napoli 1876.
Migliozzi, A., *Nuova guida generale del Museo Nazionale di Napoli*, Napoli 1876.
1884
Sacco, A., *R. Museo di Capodimonte*, Napoli 1884.
1895
Faraglia, N.A., *La R. Pinacoteca di Napoli nel 1802*, in «Napoli Nobilissima» IV (1895), 109-111, 156-157.
Frizzoni, G., *La Pinacoteca del Museo Nazionale di Napoli nuovamente illustrata*, in «Napoli Nobilissima» IV (1895), 20-25.
Spinazzola, V., *La R. Pinacoteca del Museo Nazionale di Napoli. Nota al riordinamento*, Trani 1895.
1899
Spinazzola, V., *La R. Pinacoteca del Museo Nazionale di Napoli. Secondo contributo al riordinamento (1815-1870)*, Trani 1899.
1900
Morelli, M., *La Pinacoteca del Museo Nazionale*, in Napoli d'oggi, Napoli 1900, 95-116.
1901
Filangieri di Candida, A., *La Pinacoteca Nazionale di Napoli ed il suo riordinamento*, in «Napoli Nobilissima» X (1901), 33-35.
1902
Del Pezzo, N., *Siti reali. Capodimonte*, in «Napoli Nobilissima» XI (1902), 65-67, 170-173, 188-192.
Filangieri di Candida, A., *La Galleria Nazionale di Napoli (Documenti e ricerche), in Le Gallerie Nazionali Italiane*, Roma 1902, vol. V, 208-354.
1905
Bernabei, F., *Relazione d'inchiesta sulla Pinacoteca di Napoli*, in «Rassegna d'arte» V (1905), 78-79.
1906
Dalbono, E., *Relazione sul riordinamento della Pinacoteca di Napoli letta alla R. Accademia di Archeologia, Lettere e Belle Arti*, Napoli 1906.
1908
Bartolotta, S., *La Galleria Nazionale di Napoli e il suo riordinamento*, estratto da «La Scintilla» 1908, 229-272.
1910
Dalbono, E., *A proposito di alcuni mutamenti nella R. Pinacoteca di Napoli*, Napoli 1910.
1911
De Rinaldis, A., *Museo Nazionale di Napoli. Pinacoteca. Catalogo*, Napoli 1911.
1928
De Rinaldis, A., *Pinacoteca del Museo Nazionale di Napoli*, nuova edizione, Napoli 1928.
1932
Quintavalle, A.O., *La Pinacoteca del Museo Nazionale di Napoli*, Roma 1932.
1948
Molajoli, B., *Musei e opere d'arte attraverso la guerra*, Napoli 1948.
1951
Molajoli, B., *Note illustrative del progetto di sistemazione del Museo e Gallerie Nazionali di Capodimonte*, Napoli 1951.
1953
Molajoli, B., *Opere d'arte del Banco di Napoli*, Napoli 1953.
1956
Hayward, J.F., *Les collections du Palais de Capodimonte à Naples*, in «Armes anciennes» I (1956), 121-140, 147-163.
1957
Molajoli, B., *Museo e Gallerie Nazionali di Capodimonte. La donazione Alfonso Marino*, Napoli 1957.
Molajoli, B., *Notizie su Capodimonte*, Napoli 1957.
1958
Ferrari, O.-Stazio, A., *La donazione Mario De Ciccio*, Napoli 1958.
1959
Molajoli, B., *Ritratti a Capodimonte*, Torino 1959.
1961
Molajoli, B., *Il Museo di Capodimonte*, Cava dei Tirreni 1961.
1962
Causa, R., *La Sala Toma*, Napoli 1962.
1966
La Reggia di Capodimonte, a cura di Gino Doria e Raffaello Causa, Firenze 1966.
1972
Napoli: cat. mostra, *La collezione di Angelo Astarita al Museo di Capodimonte*, a cura di Nicola Spinosa, Napoli 1972.
1975
Napoli: cat. mostra, *Acquisizioni 1960-1975*, Napoli 1975.
1982
Le Collezioni del Museo di Capodimonte, a cura di Raffaello Causa, Milano 1982.
Tiberia, V., *Il «Museo Sacro» del Cardinale Borgia a Capodimonte*, Napoli 1982.
1984
Il Patrimonio artistico del Banco di Napoli, Napoli 1984.
1987
Bertini, G., *La Galleria del Duca di Parma. Storia di una collezione*, Milano 1987.
Muzii, R., *I grandi disegni italiani nella collezione del Museo di Capodimonte a Napoli*, Milano 1987.
1992
Spinosa, N., *Musei e raccolte storiche a Napoli*, in «Il Museo» I (1992), O, 77-80.
1993
Utili M., Leone de Castris P., Spinosa N., *Capodimonte, da raccolta storica a Galleria Nazionale. Realtà e progetti*, in «Il Museo» 1993, 1-2, 1-26.

Indice degli artisti

Indice delle Fabbriche

Finito di stampare nel giugno 1994
per conto dell'Electa Napoli

Fotocomposizione: Photocomp 2000
Fotolito: SAMA
Fotoincisione: Centro dms
Stampa: Incisivo, Salerno
Allestimento: Legatoria S. Tonti, Mugnano, Napoli